Le Mans
1913

Chartes de Saint-Julien de Tours, 1002-1227

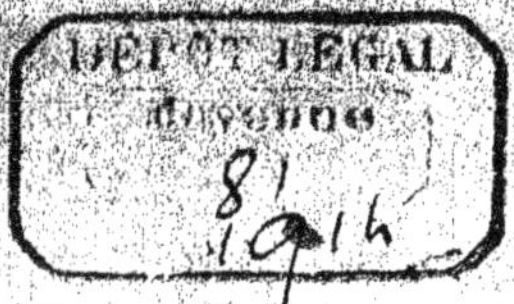

SOCIÉTÉ DES ARCHIVES HISTORIQUES DU MAINE

ARCHIVES HISTORIQUES DU MAINE

XII (2e FASCICULE)

CHARTES DE SAINT-JULIEN DE TOURS

(1002-1300)

PUBLIÉES PAR

L'ABBÉ L.-J. DENIS

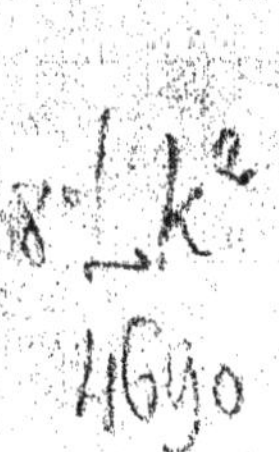

AU MANS
AU SIÈGE DE LA SOCIÉTÉ, 15, RUE DE TASCHER
1913

CHARTES

DE

L'ABBAYE DE SAINT-JULIEN DE TOURS

DU XIe AU XIVe SIÈCLE

---

194. — 1228. — CHARTE DE MAINARD, ABBÉ DE SAINT-JULIEN, PARTAGEANT A DEUX COUSINS, MILON DU SERRAIN ET PIERRE TUAUT, LES BIENS QU'ILS POSSÉDAIENT PAR INDIVIS A NOUZILLY. — (Original parchemin, jadis scellé sur double queue de parchemin, Archives d'Indre-et-Loire, H 489.)

Frater Menardus, Beati Juliani Turonensis humilis abbas, universis presentes litteras inspecturis, salutem in Domino.

Noveritis quod Milo de Sartrin[1] et Petrus Tuaut sunt cognati germani, et habent hereditates suas in parrochia de Nozilleio[2], in feodo nostro, pro indiviso, scilicet unum arpentum terre ad fontem Sancti Andree[3], ad IIII denarios censuales, et III quarteria juxta pratum defuncte Ade, ad III denarios censuales, et oscham Porpeignee, ad VIII denarios censuales, et

1. Le Serrain, ancienne commune réunie à celle de Semblançay en 1821.

2. Nouzilly, canton de Châteaurenault (Indre-et-Loire).

3. L'église de Nouzilly est dédiée à saint André.

mansuram que appellatur Lartusière [1], prata et domos et census et terragia et oblita, sicut pertinent masure nominate.

Milo predictus quittavit et reliquit Petro Tuaut et suis heredibus terciam partem rerum predictarum, scilicet modietatem, pro v sexteriis siliginis legitimi, ad mensuram parrochie supradicte, reddendis singulis annis et Miloni et heredibus suis, in festo Sancti Michaelis, ante meridiem, nisi persolventur ante. Hi vero qui tenebunt predictas hereditates reddent et debent reddere, in area mansure nominate, dictum bladum dicto Miloni et heredibus, quitum ab omnibus costis, nec poterunt nec debebunt honerare res predictas ullis costumis, nec tamen, modo illo que modo sunt, et reddent costumam, pro parte predicti M[ilonis], dominio rerum predictarum. Et si aliqua partium ab ista compositione vellet resilire, alii parti pro pena centum solidos restitueret, et rediret ad fareschiam faciendam.

Et ut hoc ratum et firmum sit, presentes litteras, ad peticionem partium, duximus sigilli nostri munimine confirmandas.

Actum anno Domini M° CC° XX° octavo.

195. — 1228, n. s., 2 janvier, Latran. — CONFIRMATION PAR LE PAPE GRÉGOIRE IX DES POSSESSIONS DE L'ABBAYE DE SAINT-JULIEN. — (Note, B. N., Latin, 12.677, fol. 202.)

Gregorius IX, papa, monasterio Sancti Juliani Turonensis possessiones et bona confirmat bulla data Laterani IV nonas januarii, pontificatus anno I.

196. — 1228 (v. s.) avril [2]. — ACCORD ENTRE L'ABBAYE DE SAINT-JULIEN ET DREUX DE MELLO, SEIGNEUR DE MAYENNE, PAR LEQUEL LE SEIGNEUR DE MAYENNE, AFIN D'OBTENIR POUR LES BOURGEOIS DE CERTAINES VILLES L'EXEMPTION DU DROIT DE MARCHÉ A COUPTRAIN, DONNE AUX RELIGIEUX LA MOITIÉ DES COUTUMES DES NOUVELLES FOIRES DE COUPTRAIN. — (Copie du XVIIIe siècle faite sur une copie collationnée à l'original en

1. L'Artusière, commune de Nouzilly.

2. L'année 1228 ancien style commence le 26 mars 1228 et finit le 15 avril 1229; cette charte est donc ou d'avril 1228 ou du 1 au 14 avril 1229.

parchemin scellé de deux sceaux le 16 août 1651, par Coullon, notaire royal à Tours, Bibliothèque municipale de Tours, manuscrit 1.278, fol. 286.)

Frater Mainardus, Beati Juliani Turonensis abbas, totusque ejusdem loci conventus, universis Christi fidelibus litteras inspecturis, salutem in Domino.

Noverit universitas vestra quod, cum inter nos, ex una parte, et nobilem virum Droconem de Malleco [1], dominum Meduanæ [2], contentio verteretur, ex altera, super hoc videlicet quod idem Droco volebat quod burgenses sui de Goron [3], de Ambrières [4], de Laliere [5], de Burgo Novello [6] juxta Brelegart [7], de Harperia [8] et de Grahiel [9] quitationem haberent in mercatis nostris de Corpotren [10] ad prioratum ejusdem loci pertinentibus ; et nos econtra nolentes hoc sustinere propter quod, videlicet, antequam dicti burgenses quitationem aliquam haberent in villa de Coupotren, nobis et dicto prioratui data fuerat integra decima costumata præfatæ villæ de Corpotren, et a prioribus ejusdem loci longo tempore habita et possessa ; tandem, pro bono pacis et pro benevolentia prædicti domini habenda, prædictarum villarum burgensibus quitationem, prout petebat prædictus dominus, eisdem concessimus habendam, tali conditione apposita, quod dominus Droco sæpedicto prioratui liberaliter dedit et concessit medietatem costumæ nundinarum de novo constitutarum in villa de Corpotren, in festo Decolationis Sancti Johannis Baptistæ habendam de cetero annuatim, cum

1. *Sic* dans la copie pour : *Melloto*.

2. Mayenne, chef-lieu d'arrondissement du département de la Mayenne. — Dreux de Mello était marié à Isabelle, fille de Juhel de Mayenne décédé en Egypte le 4 mai 1220.

3. Gorron, chef-lieu de canton de l'arrondissement de Mayenne.

4. Ambrières, chef-lieu de canton de l'arrondissement de Mayenne.

5. Peut-être les Halliers, commune du Bourg-Nouvel (Mayenne) ?

6. Bourg-Nouvel, canton de Mayenne.

7. Belgeard, commune de Bourg-Nouvel (Mayenne).

8. La Herperie, commune de Bourg-Nouvel (Mayenne).

9. Peut-être Grazay, chef-lieu de canton de l'arrondissement de Mayenne ?

10. Couptrain, canton de Javron (Mayenne).

omnibus pertinentiis ad præfatas nundinas pertinentibus, exceptis tribus magnis placitis, videlicet : raptu, incendio et multro, cum pertinentiis eorumdem placitorum, et decimam dictarum nundinarum.

Actum anno gratiæ millesimo ducentesimo vicesimo octavo, mense aprili.

197. — 1229, juin. — DONATION FAITE A L'ABBAYE DE SAINT-JULIEN, PAR ÉTIENNE POSTEL, DE LA DIME DES TERRES QU'IL POSSÉDAIT EN FIEF DANS LA PAROISSE D'ATHÉE. — (Copie dans l'*Inventaire des titres du fief de Bléré*, H 513, p. 62.)

Magister Michael, officialis curiæ Turonensis, omnibus præsentes litteras inspecturis, salutem in Domino.

Noverint universi quod, constitutus in præsentia nostra, Stephanus Postel dedit et concessit in puram et perpetuam elemosinam ecclesiæ Beati Juliani Turonensis omnes decimas de terris suis, quas habet et possidet in feodum, in parrochia de Atheis [1] sitis, et omne jus eidem Stephano competiturum, ratione decimationis, jure successionis, tam ex parte matris suæ quam ex parte parentum suorum ; ammonitione tamen prius facta a nobis, quod dictas decimas ecclesiæ de Atheis, in cujus parrochia dictæ decimæ consistunt, conferret, sed ipse Stephanus, hoc renuens facere, denegavit.

Nos vero prefatam concessionem dictarum decimarum, authoritate metropolitana, duximus confirmandam.

In cujus rei memoriam præsentes litteras, ad petitionem partium, conscribi fecimus et sigilli nostri munimine roborari.

Actum anno Domini millesimo ducentesimo vicesimo nono, mense junio.

198. — 1230, avril, du 7 au 30 [2]. — ACTE DE MAINARD, ABBÉ DE SAINT-JULIEN, NOTIFIANT L'ACCORD ÉTABLI ENTRE SON ABBAYE ET DREUX DE MELLO, SEIGNEUR DE LOCHES, AU SUJET D'UN ÉTANG SITUÉ A CHÉDIGNY. — (Original parchemin, scellé du

1. Athée, canton de Bléré (Indre-et-Loire).
2. L'année 1230 ancien style, commence le 7 avril 1230 et finit le 23 mars 1231.

sceau de l'abbé et de celui de l'abbaye de Saint-Julien, A. N., J 176, 6. — Imprimé, *Layettes du Trésor des Chartes*, n° 2.047.)

Mainardus, Beati Juliani Turonensis minister, totusque ejusdem loci conventus, notam faciunt compositionem inter se et Droconem de Melloto, dominum Locharum, initam de quodam stagno, quod in parrochia de Chedigneio[1], super terra prefati conventus prædictus Droco construi fecerat.

Et ne dictus nobilis vel heredes ipsius a nobis vel successoribus nostris super premissis in posterum valeant molestari, nos eisdem presentes litteras concessimus sigillorum nostrorum munimine roboratas.

Actum anno gratie M° CC° XXX°, mense aprilis.

199. — 1230, mai. — Charte de Mainard, abbé de Saint-Julien, relatant l'accord établi entre Saint-Julien et Marmoutier au sujet du partage de certains bois. — (Copie du xviie siècle sur papier, Archives d'Indre-et-Loire, H 489.)

Universis Christi fidelibus presentes litteras inspecturis, frater Mainardus, Beati Juliani Turonensis humilis minister, totusque ejusdem loci conventus, salutem in Domino.

Noverint universi quod inter nos, ex una parte, et venerabiles viros abbatem et conventum Majoris Monasterii, ex altera, contencio verteretur super quibusdam nemoribus inter vallem de Chenucun[2] et fossata Dalidon sitis, que vulgo vocabuntur les Chalonges[3].

Tandem, de bonorum virorum consilio, hinc inde unanimiter composuimus in Lucam, priorem de Cancellis[4], et Reginaldum, priorem de Semitario[5], super divisione predictorum

1. Chédigny, canton de Loches (Indre-et-Loire).
2. Chenusson, commune de Saint-Laurent-en-Gâtines (Indre-et-Loire).
3. Les Chalonges, commune de Beaumont-la-Ronce (Indre-et-Loire).
4. Chanceaux-sur-Choisille, canton de Vouvray (Indre-et-Loire), prieuré de Saint-Julien.
5. Le Sentier, ancienne commune réunie à celle de Monthodon en 1822, prieuré de Marmoutier.

nemorum facienda, solemniter promittentes, sub pena centum marcharum argenti, quod divisionem ab ipsis factam perpetuo servaremus.

Illi autem, vocatis secum bonis viris, ad predicta nemora accedentes, partem ipsorum nemorum territorio Sancti Laurentii de Gatina[1] contiguam, predictis abbati et conventui Majoris Monasterii, et nobis aliam partem territorio nostro de Chenuchum contiguam, decreverunt quiete et libere in perpetuum et proprium dominium remanere, sicut certis metis, a predictis prioribus ibidem positis, signatum est et distinctum, nec ipsi in parte nostra, nec nos in sua, sicut a predictis prioribus partite sunt, aliquid poterimus de cetero reclamare.

Nos autem divisiones et designationes superius assignatas, ratas habentes et firmas, eas sigillorum nostrorum munimine duximus roborandas.

Actum anno Domini millesimo ducentesimo tricesimo, mense maio[2].

200. — 1230, juillet. — Charte de l'abbé Mainard établissant en l'abbaye de Saint-Julien l'office de chambrier. — (Deux copies sur papier, la première « délivrée à frère Arnault de Metal, chambrier de l'abbaye de Sainct-Julien, suyvant l'ordonnance faicte par Monsieur le lieutenant particulier du bailliage de Touraine le XIIIe de juillet l'an mil cinq cens quatre vingtz deux », la seconde « collationnée à l'original qui est en parchemin, avec autres tiltres de la Chambrerie, l'an 1621 », Archives d'Indre-et-Loire, H 473.)

Universis Christi fidelibus presentes literas inspecturis, frater Mainardus, Beati Juliani Turonensis minister humilis, totiusque *(sic)* ejusdem loci conventus, salutem in Domino.

Noverint universi quod nos, in ecclesia nostra camerarium de novo constituentes, decrevimus ut toti conventui nostro teneatur in posterum providere, scilicet : in vestibus, tam in

1. Saint-Laurent-en-Gâtines, canton de Châteaurenault (Indre-et-Loire).
2. La copie ajoute : *sigillata duplici sigillo.*

lectis quam extra, necessariis, in calceamentis de cordubano, in mappis, in tersoriis manuum et pedum, in zonis, cultelis, nattis in refectorio, et in ejusmodi[1] necessariis regule nostre congruis secundum consuetudinem approbatam, in staminis, quarum unaqueque quatuor solidorum, in telis, quarum quelibet ulna decem denariorum, in langeolis, quorum par viginti solidorum, in coopertoriis, quorum unumquodque viginti[2] solidorum ad minus supradicto pretio videantur comparari.

Nobis vero abbati, hospitulario, sacriste et eleemosinario, nisi tantum in pelliciis et pedulibus, non tenebitur providere.

Cum vero aliquis monachorum nostrorum de mandato nostro ad aliquem prioratum vel alibi exierit, ita sufficienter indutus exeat, quod saltem ei indumenta sufficiant[3] per tres menses, ut ei similiter a suo priore provideatur ad claustrum denuo revertenti.

Omnia vero supradicta sint adeo congrua et honesta et tempore oportuno ministrata, quod inde in conventu sive prioratibus non possit vel debeat propter defectus camerarii vel priorum merito scandalum suboriri.

Datis autem novis ornamentis, vetera incontinenti dicto camerario sive prioribus, prout contulerint, reddantur, preterquam de nobis abbate et tribus personis superius exceptis, quibus, nisi in pelliciis et pedulibus tenebitur providere, et exceptis veteribus calceamentis, que, a residentibus in claustro, eleemosinario sunt reddenda.

Ceterum vestes, tam monachorum decedentium quam omnium ad nos, causa religionis, transferentium, prefato camerario remanebunt, exceptis culcitris, punctis et coopertoriis, que infirmario nostro remanentia, ab aliquo non poterunt alienari.

Dictus vero camerarius alicui monacho vetera pro novis conferre non poterit ullo modo.

Ad hec autem omnia sufficienter adimplenda, dicto camerario, de communi assensu, assignavimus domum nostram de

1. Copie de 1621, *et hujusmodi*.
2. *Quorum uniusquodque viginti quinque*, copie de 1621.
3. *Sufficient*, copie de 1621.

Castaneto [1], sicut deffunctus Andreas de Cancellis possidebat, exceptis illis que ad prioratum de Cancellis [2] pertinent, et la Hairierre [3], cum omnibus pertinentiis suis, et redditus nostros de Vilers [4] et de Joeto [5], et centum solidos apud Noziliacum [6] in festagiis et censibus nostris, et quadraginta solidos in festagiis nostris de Somniaco [7], et omnes census nostros de Gabrone [8] et de Feritate Mathei [9].

In cujus rei memoriam, de communi assensu, presentes litteras conscribi fecimus et sigillorum nostrorum munimine roborari.

Actum anno Domini millesimo ducentesimo tricesimo, mense julio.

201. — 1230, 29 septembre, Rouen. — Décision de l'Échiquier de Normandie relative au droit de patronage de l'église d'Habloville. — (Imprimé, *Recueil des jugements de l'Échiquier de Normandie*, Paris, 1864, in-4°, n° 465.)

In scacario Sancti Michaelis M.CC.XXX.

Preceptum est quod judicium factum in assisia Falesie [10] inter abbatem Turonensem [Sancti Juliani] et Nicholaum de Hablovilla [11], clericum, super jure patronatus ecclesie de Hablovilla, per quod judicium dictus abbas et conventus Turonensis contra dictum clericum optinuit, ad finem teneatur, et hoc idem mandavit rex per litteras suas in isto scacario.

1. Châtenay, commune de Cerelles (Indre-et-Loire).
2. Chanceaux-sur-Choisille, canton de Vouvray (Indre-et-Loire).
3. La Harrouère, commune de Cerelles (Indre-et-Loire).
4. Villiers, *alias* le Grand-Cottereau, commune de Limeray (Indre-et-Loire).
5. Les fiefs du Vieux-Joué, commune de Montreuil, et du Jeune-Joué, commune de Saint-Ouen, dépendaient de la Chambrerie de Saint-Julien.
6. Nouzilly, canton de Châteaurenault (Indre-et-Loire).
7. Saunay, canton de Châteaurenault (Indre-et-Loire).
8. Javron, canton de Couptrain (Mayenne).
9. La Ferté-Macé, chef-lieu de canton de l'arrondissement de Domfront (Orne).
10. Falaise, chef-lieu d'arrondissement (Calvados).
11. Habloville, canton de Putanges (Orne).

202. — 1230, octobre, Châteaurenault. — CHARTE DE GEOFFROY, VICOMTE DE CHATEAUDUN, ET DE CLÉMENCE, AUTREFOIS COMTESSE DE BLOIS, PAR LAQUELLE ILS RESTITUENT A L'ABBAYE DE SAINT-JULIEN UNE TERRE NOMMÉE LA CARTE, SITUÉE AU BOIS DE CHAMP-BRETON. — (Original parchemin, jadis scellé *de deux sceaux sur cordons de soie verte et rouge*, Archives d'Indre-et-Loire, H 503.)

Universis Xpisti fidelibus presentes litteras inspecturis, Gaufridus, vicecomes Castriduni [1], salutem.

Noverit universitas vestra quod ego, uxore mea Clemencia, quondam Blesis comitissa, aprobante et volente, de consilio prudentum hominum, quandam terram in bosco de Chanp Breton [2] sitam, que vocatur la Carte [3] Beati Juliani, con ad jus ecclesie Beati Juliani Turonensis spectaret, monachis ejusdem ecclesie benigne reddidi, ipsam in perpetuum de cetero possidendam et pro sue voluntatis arbitrio excolendam, exceptis istis meis justiciis, videlicet : raptu, inciso, multro, furto, duello, cruore effuso.

In cujus rei testimonium, ego et dicta Clemencia presentem cartulam sigillorum nostrorum munimine dictis monachis dedimus roboratam.

Actum Castro Raginaldi [4], anno Domini M° CC° tricesimo, mense octobris [5].

203. — 1230. — CHARTE DE MAINARD, ABBÉ DE SAINT-JULIEN, RELATANT L'ACCORD ÉTABLI ENTRE SON ABBAYE ET LE CHAPITRE DE LA CATHÉDRALE DE TOURS, AU SUJET DES DROITS DE JUSTICE DE SAINT-LOUP. — (Bibliothèque de Tours, manuscrit 1271, *Liber compositionum Ecclesiæ Turonensis*, p. 48, manuscrit du XIIIe siècle. — Copie du XVIe siècle sur papier, Archives d'Indre-et-Loire, H 471. — Imprimé, Salmon,

1. Châteaudun, chef-lieu d'arrondissement (Eure-et-Loir).
2. Champ-Breton, commune d'Auzouer (Indre-et-Loire).
3. La Carte, commune d'Auzouer (Indre-et-Loire).
4. Châteaurenault, chef-lieu de canton de l'arrondissement de Tours (Indre-et-Loire).
5. Au verso : *De Sonnayo. Restitucio terre de Quarta.*

Notice historique sur l'abbaye de Saint-Loup près Tours, dans *Bibliothèque de l'École des Chartes*, t. VI, p. 453.)

Universis Xpisti fidelibus presentes litteras inspecturis, frater Mainardus, Beati Juliani Turonensis minister humilis, totusque ejusdem loci conventus, salutem in Domino.

Noverit universitas vestra quod, cum inter nos, ex una parte, et venerabiles viros decanum et capitulum Turonense, ex altera, super vendis et justicia terrarum nostrarum, que circa Sanctum Lupum[1] et apud la Baatte[2], in Varenna superiori site sunt, contentio verteretur, tandem, mediantibus bonis viris, in hunc modum pacis convenimus, quod nos a dicto decano et capitulo predictas terras tenentes utpote sub eorum dominio existentes, fundos terrarum, census, vendas, decimas et justiciam earum habebimus, et de cetero sine contradictione aliqua pacifice possidebimus, sicut certis metis, de consensu partium, distincte sunt et divise, alta, justicia, scilicet *le multre, le rat et l'encis*, et ea que ad ipsam secundum consuetudinem patrie pertinent predictis decano et capitulo remanente in perpetuum.

Quod ut ratum et stabile in posterum permaneat et ad presens, nostras presentes litteras predictis decano et capitulo dedimus sigillorum nostrorum munimine roboratas.

Actum anno Domini millesimo ducentesimo tricesimo.

204. — 1230. — Charte d'Enjorrand, doyen du chapitre de Tours, attestant l'accord établi entre le chapitre et l'abbaye de Saint-Julien, au sujet des droits de justice de Saint-Loup. — (Copie du xvie siècle sur papier, Archives d'Indre-et-Loire, H 471.)

Enjorandus, decanus, totumque capitulum Turonense, omnibus presentes litteras inspecturis, salutem in Domino.

Noverit universitas vestra quod, cum inter nos, ex una parte, et abbatem et conventum Beati Juliani Turonensis, ex

1. Saint-Loup, ancienne abbaye, commune de Saint-Pierre-des-Corps (Indre-et-Loire).

2. Les Bastes *alias* les Baffardières, commune de Saint-Pierre-des-Corps.

altera, super vendis et justicia terrarum suarum, que circa Sanctum Lupum et apud la Baate in Varenna superiori site sunt, contencio verteretur, tamdem, mediantibus bonis viris, in hunc modum pacis convenîmus, quod ipsi a nobis predictas terras tenentes utpote sub nostro dominio existentes fundos terrarum, census, vendas et decimas et justiciam earum, sicut [certis metis] de consensu parcium distincte et divise, habebunt et de [cetero sine] contradic[tione] aliqua pacifice possidebunt, alta justicia, scilicet [*le*] *murtre*, [*le*] *rat*, *le l'encis* et ea que ad ipsam, secundum consuetudines patrie pertinent, nobis in perpetuum remanente.

Quod ut firmum et stabile in posterum permaneat et ad presens, nostras presentes litteras predictis abbati et conventui dedimus sigilli nostri capituli munimine roboratas.

Actum, de consensu utrarumque parcium, anno Domini millesimo ducentesimo tricesimo.

205. — 1230. — [CARTA] INTER MONACHOS [SANCTI JULIANI TURONENSIS] ET HARDOINUM DE FRAXINO, MILITEM. — (Note, B. N., Dom Housseau, t. XIII[1], n° 8.514.)

206. — 1231, mars. — DONATION FAITE AUX RELIGIEUX DE SAINT-JULIEN PAR JEAN DE BERREIA DE TOUS LES CENS QUI LUI APPARTENAIENT EN LA PAROISSE DE BLÉRÉ. — (*Inventaire des titres du fief de Bléré*, Archives d'Indre-et-Loire, H 513, p. 42.)

207. — 1231 (v. s.), avril[1]. — CHARTE PAR LAQUELLE LES MOINES DE SAINT-JULIEN ACCENSENT A GEOFFROY ET A GUILLAUME POULET UNE ILE DÉPENDANT DE VALLIÈRES. — (Copie sur parchemin, faite en juillet 1273, jadis scellée sur simple queue, Archives d'Indre-et-Loire, H 504.)

Omnibus presentes litteras inspecturis frater M[ainardus], Beati Juliani Turonensis humilis abbas, totusque ejusdem loci conventus, salutem in Domino.

1. L'année 1231, ancien style, a été comptée du 23 mars 1231, au 11 avril 1232; cette charte est donc ou d'avril 1231 ou du 1er au 10 avril 1232.

Noveritis nos, de communi consensu capituli nostri, tradidisse et concessisse Gaufrido Pulet et Guillelmo Pulet, fratri ejus, et heredibus eorum, totam insulam nostram que vocatur Infra Preler, sitam apud Valerias[1], perpetuo pacifice possidendam ; ita tamen quod ipsi, vel heredes eorum, pro quodam arpento dicte insule tenentur nobis reddere quinque solidos turonensium in festo Sancti Bricii, in domo nostra de Valeriis annuatim ; in dicto vero arpento decimam omnium fructuum percipiemus et in toto residuo dicte insule decimam et terragium percipiemus in quibuscumque fructibus consistant. Si autem contigerit quod ipsi in dicta insula salliceiam[2] vel alios arbores plantare voluerint, nos medietatem dicte salliceie et omnium arborum habebimus ac percipiemus.

In cujus rei memoriam presentes litteras conscribi et sigillorum nostrorum munimine fecimus roborari.

Actum anno Domini M°CC°XXX° primo, mense aprilis[3].

208. — 1231, août. — ACCORD ENTRE L'ABBAYE DE SAINT-JULIEN ET JUHEL DE MATHEFELON, ARCHEVÊQUE DE TOURS, PAR LEQUEL L'ARCHEVÊQUE RENONCE AUX PROCURATIONS QU'IL RÉCLAMAIT DES MOINES, ET CEUX-CI LUI ABANDONNENT EN RETOUR LEUR MAISON D'AUSONNEAU. — (Archives d'Indre-et-Loire, G 1, copie du XVIII° siècle. — Imprimé, Louis de Grandmaison, *Cartulaire de l'Archevêché de Tours*, t. I, p. 88, n° XLI.)

Universis . . . Juhellus[4], Dei gratia Turonensis archiepiscopus, salutem in omnium Salvatore.

Noverint universi quod cum nos a viris religiosis abbate et conventu Beati Juliani Turonensis procurationes in monaste-

1. Vallières, ancienne paroisse, commune de Fondettes (Indre-et-Loire).

2. Ici et à la ligne suivante le manuscrit porte seulement *sallic* avec un signe d'abréviation à la fin.

3. La copie débute par la formule *Hoc est transcriptum*, et se termine par la date, qui est ainsi exprimée : *Datum hujus transcripti anno Domini M°CC°LXX^mo tertio, mense julii. G. Bertom* (?).

4. Juhel de Mathefelon, archevêque de Tours, 1229, transféré à Reims le 30 mars 1245.

rio ipsorum et quibusdam domibus eorum, Turonensis, Andegavensis, Redonensis et Cenomanensis diocesium, videlicet de Ranciaco [1], de Cigoigniaco [2], de Castro Raginaldi [3], de Nozilleio [4], de Ambilliaco [5], de Parvo Gressio [6], de Lucigniaco [7], de Miser[i]is [8], de Derra [9], de Bueillio [10], de Chenuçon [11], de Brechia [12], de Sancto Antonio [13]; de Capella Sancti Remigii [14], de Valeriis [15], de Castaneto [16], de Sancto Cirico Redonensi [17], de Sancto Quintino [18] et de Milecia [19], tanquam nobis de jure communi ratione visitationis debitas, peteremus, dicti abbas et monachi modo asserebant nec eas nobis deberi, nec nos, nec antecessores nostros, eas hactenus habuisse; preterea tam canonici quam clerici ecclesie Turonensis annis singulis ad vigiliam Sancti Juliani et in die ad missam processionnaliter accedentes, cenam post vigiliam, in die post missam prandium solempne, in refectorio ipsorum, habebant, et nos etiam cum familia nostra, quando nos contingebat personaliter interesse.

1. Rançay, commune de Monts (Indre-et-Loire).
2. Cigogné, canton de Bléré (Indre-et-Loire).
3. Châteaurenault, chef-lieu de canton, arrondissement de Tours (Indre-et-Loire).
4. Nouzilly, canton de Châteaurenault (Indre-et-Loire).
5. Ambillou, canton de Château-la-Vallière (Indre-et-Loire).
6. Le Petit-Grais, commune d'Azay-sur-Cher (Indre-et-Loire).
7. Leugny, commune d'Azay-sur-Cher (Indre-et-Loire).
8. Mézières, commune de Dolus (Indre-et-Loire).
9. Dierre, canton de Bléré (Indre-et-Loire).
10. Bueil, canton de Neuvy-le-Roi (Indre-et-Loire).
11. Chenusson, ancienne paroisse, commune de Saint-Laurent-en-Gâtines (Indre-et-Loire).
12. Brèches, canton de Château-la-Vallière (Indre-et-Loire).
13. Saint-Antoine-du-Rocher, canton de Neuillé-Pont-Pierre (Indre-et-Loire).
14. La Chapelle-Saint-Remy, aujourd'hui Saint-Roch, canton de Neuillé-Pont-Pierre (Indre-et-Loire).
15. Vallières, ancienne paroisse, commune de Fondettes (Indre-et-Loire).
16. Châtenay, commune de Cerelles (Indre-et-Loire).
17. Saint-Cyr-lès-Rennes, commune de Rennes (Ille-et-Vilaine).
18. Saint-Quentin-lès-Beaurepaire, commune de Baugé (Maine-et-Loire).
19. La Milesse, canton du Mans (Sarthe).

Ad utilitatem igitur et pacem ecclesie Turonensis, interveniente bonorum virorum sollicitudine, accedente etiam nostro necnon et capituli Turonensis consensu, super premissis ordinatum fuit taliter et statutum, scilicet quod dicti abbas et monachi, in recompensationem dictarum procurationum, domum suam de Ausonio[1], cum omnibus pertinenciis suis, et omnibus que habebant in castellania de Caynone[2], ultra forestam de Tilleo[3], nobis et successoribus nostris archiepiscopis Turonensibus concesserunt in perpetuum et dederunt, cum omni integritate, quiete et libere possidenda. Itaque archiepiscopi Turonenses nullam procurationem, ratione visitationis, nec capitulum Turonense predictam cenam et procurationem non *(sic)* poterunt de cetero repetere in monasterio et domibus prenotatis ; salva tamen eisdem archiepiscopis et ministris eorumdem, in dictis et in aliis eorum domibus, jurisdictione, potestate sibi debita et omni jure ecclesie Turonensis, et quod archiepiscopi Turonenses et ministri eorum, si ad predicta loca diverterint, cum expensis eorum archiepiscoporum et suorum ministrorum ibidem honeste et liberaliter admittantur. Abbas vero et monachi predicti, processiones quas in vigilia et in festo Beati Juliani ad monasterium ipsorum consuevit facere ecclesia Turonensis, nobis et ecclesie Turonensi, ad instantiam nostram amicabiliter et concorditer in perpetuum quittaverunt.

Ceterum cum archidiaconi et archipresbyteri Turonenses, in domibus de Ranciaco, de Parvo Gressio, de Lucigniaco, de Cigoigniaco, de Derra, de Miseriis, ratione visitationis, annuas peterent procurationes, ita concordatum extitit et ordinatum, quod idem archidiaconus in domo de Ranciaco x solidos, et domo de Cigoigniaco x solidos recipiet annuatim pro procuratione, et archipresbyter Turonensis in utraque istarum duarum domorum v solidos similiter percipiet annuatim . . .

1. Ausonneau, communes de Chinon et d'Huismes (Indre-et-Loire).
2. Chinon, chef-lieu d'arrondissement (Indre-et-Loire).
3. Forêt de Teillé entre Sainte-Maure et Crissé (Indre-et-Loire).

Quod ut ratum . . . predictis abbati et monachis, presentes litteras dedimus sigilli nostri munimine roboratas.

Actum anno Domini MCCXXXI, mense augusti.

209. — 1231, août. — Charte du doyen Enjorrand et du chapitre de Tours relatant l'accord établi entre l'archevêque Juhel de Mathefelon et les moines de Saint-Julien, au sujet des procurations que l'archevêque exigeait des moines. — (Original parchemin, jadis scellé sur lacs de soie rouge[1], Archives d'Indre-et-Loire, H 466. — Copie B. N., Latin 12.677, fol. 198.)

Universis Xpisti fidelibus ad quos presentes littere pervenerint, Enjorrandus, decanus, et totum capitulum Turonense, salutem in omnium Salvatore.

Universitati vestre notum facimus quod, cum venerabilis pater dominus Juhellus, Turonensis archiepiscopus, a viris religiosis abbate et conventu Beati Juliani Turonensis procurationes in monasterio ipsorum et quibusdam domibus eorum Turonensis, Andegavensis, Redonensis et Cenomannensis diocesum, videlicet : de Rentiaco, de Cigguoniaco, de Castro Raginaldi, de Nozilleio, de Ambulliaco, de Parvo Gressio, de Lucigniaco, de Macheriis, de Derra, de Buellio, de Chenuchum, de Brechia, de Sancto Antonio, de Capella Sancti Remigii, de Valeriis, de Castaneto, de Sancto Cirico, de Sancto Quintino et de Miletia, tanquam sibi de jure communi, ratione visitationis, debitas, peteret, dicti abbas et monachi econtrario asserebant nec eas eidem archiepiscopo deberi, nec ipsum nec antecessores suos eas hactenus habuisse. Preterea tam nos quam clerici ecclesie nostre, annis singulis, ad vigiliam sancti Juliani et in die ad missam processionaliter accedentes, cenam post vigiliam, et in die post missam prandium sollepmne in refectorio ipsorum habebamus, et idem archiepiscopus etiam cum familia sua, quando ipsum contingebat personnaliter interesse.

1. Le sceau est ainsi décrit dans la copie : *Appendet sigillum pene confractum ceræ viridi in cujus antica impressa videtur imago Sancti Martini (?) galeati, catafracto equo insidentis, cum contrasigillo.*

Ad utilitatem igitur et pacem ecclesie nostre et sue, interveniente bonorum virorum sollicitudine, accendente archiepiscopi et ipsorum necnon et capituli nostri consensu super premissis ordinatum fuit taliter et statutum. Dicti abbas et monachi, in recompensationem dictarum procurationum, domum suam de Ausonio, cum omnibus pertinentiis suis et omnibus que habebant in castellania de Caynone ultra forestam de Teilleio, successoribus suis archiepiscopis Turonensibus concesserunt in perpetuum et dederunt cum omni integritate libere et quiete possidenda ; ita quod archiepiscopi Turonenses nullam procurationem, ratione visitationis, nec capitulum nostrum predictam cenam et procurationem poterimus de cetero repetere in monasterio et domibus prenotatis ; salva tamen eisdem archiepiscopis et ministris eorum et in dictis et in aliis eorum domibus omni juridictione et potestate sibi debita et omni jure ecclesie nostre, et quod archiepiscopi et ministri eorum si ad predicta loca diverterint, cum expensis eorumdem archiepiscoporum et suorum ministrorum, ibidem honeste et liberaliter admittantur. Abbas vero et monachi supradicti, processiones quas in vigilia et in festo beati Juliani ad monasterium ipsorum consuevit facere ecclesia nostra, eidem archiepiscopo et ecclesie nostre ad instantiam prefati archiepiscopi et nostram amicabiliter remiserunt et concorditer in perpetuum quitaverunt.

Ceterum cum archidiaconi et archipresbyteri Turonenses in domibus de Rentiaco, de Cigguoniaco, de Lucigniaco, de Parvo Gressio, de Dorra et de Macheriis, ratione visitationis, annuas peterent procurationes, ita concorditer extitit ordinatum quod idem archidiaconus in domo de Rentiaco decem solidos et in domo de Ciggoniaco decem solidos percipiet annuatim pro procuratione, et archipresbyter Turonensis in utraque istarum duarum domorum quinque solidos pro procuratione similiter percipiet annuatim, quorum medietas in synodo Pentecostali et altera medietas in synodo sancti Luce eisdem persolvetur, nec ipsi majores summas quam prefatas a dictis domibus ratione procurationis exigere poterunt vel habere.

Domus vero de Derra, nisi ibi monachus manserit, Parvi Gressi, Lugcigniaci et Matheriarum ad hujusmodi procuratione et prestatione pro procuratione absolute erunt penitus et immunes, nisi forte facultates earum et redditus in tantam excreverint, quod ad procurationes archidiaconi et archipresbyteri annis singulis faciendas merito teneantur. A domibus autem Ambulliaci, Chenuchunnii, Brechie, Sancti Antonii, Capelle Sancti Remigii et Valeriarum, eo quod minus sufficientes ad procurationes petitas solvendas esse dinoscuntur, archidiaconus Transligerinus quadraginta solidos tantum et archipresbyter Transligerinus viginti solidos tantum annuatim percipient terminis prenotatis, nisi adeo dictorum prioratuum excreverint facultates quod in eisdem prioratibus dicti archidiaconus et archipresbyter jure communi procurationes sufficientes possint exigere et habere. Castaneum vero, nisi ibi monachus manserit, vel capella construatur ibidem, quantum ad ordinarios prefatos a solutione procurationis et prestatione qualibet pro procuratione absolutum erit in perpetuum et immune.

Statutum fuit etiam ac concessum ut si quamdocumque dicti archidiaconi vel archipresbyteri Turonenses vel Transligerini hospitandi causa diverti voluerint ad loca superius memorata ibidem cum expensis propriis ipsorum archidiaconorum et archipresbyterorum liberaliter absque contradictione qualibet admittantur.

Quod ut firmum et stabile in perpetuum pertineat, predictis abbati et monachis presentes litteras nostras dedimus impressione sigilli nostri capituli roboratas.

Actum anno Domini millesimo ducentesimo tricesimo primo, mense augusto.

210-233. — 1233, 26 septembre-1234, octobre. — Pièces d'un procès entre les moines de Saint-Julien et Guillaume de Brenne, seigneur de Rochecorbon, au sujet des entreprises de ce seigneur contre le prieuré de Nouzilly. — (Original parchemin, jadis scellé sur double queue de parchemin, Archives d'Indre-et-Loire, H 489.)

210. — 1233, 26 septembre. — Juellus[1], Dei gratia Turonensis archiepiscopus, dilectis in Christo de Nozilleio[2], de Vodano[3], de Ruigneio[4] et de Cancellis[5] presbyteris, salutem in Domino.

Conquesti sunt nobis abbas et conventus Sancti Juliani Turonensis, quod Willelmus de Brenna, miles, Gilo de Poce, Andreas Berruer, Matheus Le Boce, Petrus de Lineriis et Marquerius, graves et injuriosi eisdem hominibus ipsorum existunt, capiendo in villa ipsorum monachorum de Nozilleio eorum mensuras injuste, et homines eorum, occasione dictarum mensurarum, multipliciter aggravant et molestant, et haias et nemora ipsorum per violenciam secant et, secantes in eisdem nemoribus auctoritate dictorum monachorum molestant, et eorum secures ibidem ceperunt et quemdam asinum, et homines eorumdem impediunt et molestant ne veniant ad molendina dictorum monachorum, et, hac occasione, Willelmum Textorem, hominem eorum, coram se litigare compellunt, et servientes dictorum monachorum, quos in dictis nemoribus et haiis, causa custodie, mittunt, expellunt, et etiam monachos quos in dictis nemoribus inveniunt, cum armis insequuntur, eos a dictis nemoribus et haiis expellendo, fossata eciam vetera, que rex fecit in propria terra monachorum, faciunt reparari in eorum prejudicium et gravamen, et homines et animalia ipsorum per eadem fossata transitum facientia capiunt et inde emendas exigunt.

Inde est quod vobis mandamus quatinus predictos militem et ballivos suos moneatis ut dictis monachis et eorum hominibus restituant res predictas, quas recognoverint se cepisse seu detinere, alioquin ipsos legittime monitos excomunicetis et excomunicatos publice denuntietis.

1. Juhel de Mathefelon, archevêque de Tours 1229, transféré à Reims le 30 mars 1245.
2. Nouzilly, canton de Châteaurenault (Indre-et-Loire).
3. Rochecorbon, canton de Vouvray (Indre-et-Loire).
4. Reugny, canton de Vouvray (Indre-et-Loire).
5. Chanceaux-sur-Choisille, canton de Vouvray, ou Chanceaux, canton de Loches (Indre-et-Loire).

Super hiis vero, que negaverint, eis terminum coram officiali nostro assignetis ad diem martis post festum Sancti Michaelis, dictis monachis responsuris, inhibentes nichilominus eisdem militi et ballivis ne super premissis predictos monachos seu homines eorum molestare presumant, donec super premissis plenius discussum fuerit coram nobis, quod si contra inhibitionem nostram, legitima monitione premissa, facere presumpserint, ipsos ex tunc publice excomunicetis. Ad hec autem plenius exequenda alter vestrum alterum non expectet.

Datum die lune proxima post festum beati Mauricii, anno Domini M° CC° XXX° III°.

211. — 1233, 28 septembre. — Officialis curie Turonensis, de Vodano et de Ruigneio presbyteris, salutem in Domino.

Conquesti sunt nobis abbas et conventus Beati Juliani Turonensis quod dominus de Rupibus Corbonis, Guillelmus de Brenna, miles, et ballivi eorum, homines ipsorum de Nozilleio, contra justiciam, coram se littigare compellunt unde vobis mandamus quatinus predictis militibus *(sic)* et ballivis ex parte nostra inibeatis ne dictos homines coram se littigare compellant, quod si, canonice moniti, facere presumpserint, ipsos excomunicetis, et, excomunicatos publice denuncietis, donec de ipsorum absolutione vobis constiterit evidenter, cum nos parati simus de dictis abbate et conventu et eorum hominibus eisdem, si, de ipsis conqueri voluerint, justitiam exibere.

Datum vigilia sancti Michaelis, anno gratie M° CC° XXX° III°.

212. — 1233, 30 septembre. — Officialis curie Turonensis, de Nozilleio, de Ruigneio, de Vodano, de Cancellis et de Sancto Audoeno[1] presbyteris, salutem in Domino.

Conquestus est nobis prior de Nozilleio quod Gilo de Poce, Andreas Berruer, Marquerius et Matheus Le Boce, ballivi domini Willelmi de Brenna, militis, auctoritate ipsius Willelmi, ut dicitur, equam et quadrigam ipsius, cum omni apparatu, et equam Roberti Ledur, hominis ejusdem prioris cepe-

1. Saint-Ouen-du-Bois, canton d'Amboise (Indre-et-Loire).

runt [et] adhuc detinere presumant, unde vobis mandamus quatinus predictos militem et ballivos diligenter super hoc conveniatis, quod si recognoverint ita esse moneatis eos ex parte nostra, ut dicto priori et homini ejus res predictas reddant, maxime cum parati [simus] cuilibet conquerenti de priore et homine ejus justiciam exhibere.

Si vero negaverint eis terminum assignetis coram nobis Turonibus ad diem Mercurii proximam post festum sancti Michaelis dicto priori responsuris.

Datum in crastino Sancti Michaelis anno gratie M° CC° XXX° III° me[. . .]

213. — 1233, 23 décembre. — Cum abbas et conventus Sancti Juliani Turonensis proponerent coram nobis contra Guillelmum de Brenna, militem, quod injuste ceperat ceperat (*sic*) secures in nemore ipsorum de Nozilleio et mensuras ejusdem territorii et secantes in nemore ipsorum molestabat et res eorumdem capiebat, et quod eciam multa alia fec[isset in] eodem territorio per se et per ballivos suos in eorum prejudicium et gravamen, secundum quod in litteris domini archiepiscopi et nostris continetur in quibus querimonie inserte sunt predictorum monachorum, a quibus injuriis et molestiis petebant dicti abbas et conventus dictum militem de cetero cessari.

Predictus miles confessus est se predicta fecisse, sed dixit quod utendo jure suo predicta omnia fecerat, econtrario predictis monachis hoc negantibus et asserentibus se dampnificatos fuisse in predictis a predicto milite injuste factis ad valentiam quadraginta librarum turonensium, quas petebant ab eodem milite. Et ad probandum, ex parte militis, quod, utendo jure suo, predicta omnia fecerat, et ad procedendum in aliis quantum de jure fuerit procedendum, est assignatus dies martis proxima post Circoncisionem Domini.

Preterea, cum idem miles peteret absolvi, fecimus ei absolutionis beneficium impendi, dato plegio ab eodem milite scilicet Gaufrido, majore de Ponte [1], de omnibus ablatis in instanti

1. Maire des Ponts de Tours.

vigilia Nathalis Domini eisdem monachis restituendis, et inhibuimus eidem militi ne plegios hominum predictorum monachorum molestet vel molestari faciat, donec discussum sit coram nobis de jure proprietatis.

[Datum di]e Veneris proxima ante Nathale Domini, anno Domini M° CC° XXX° III°.

214. — 1234, 3 janvier. — Assignata est dies martis proxima post octabas Epiphanie Domini Willelmo de Brenna, militi, contra abbatem et conventum Sancti [Juliani], ad terciam productionem, et illa die jurabitur de calumpnia.

Actum de consensu partium. Et die martis proxima post Circoncisionem Domini, remisit dictus miles testes suos juratos non examinatos, procuratore dictorum abbatis et conventus petente, ut eadem die exa[minarentur].

Anno Domini M° [CC]° XXX° III°.

215. — 1234, janvier. — Assignata est vigilia Purificationis Beate Marie Willelmo de Brenna, militi, contra abbatem et conventum Sancti Juliani Turonensis, ad publiçandum attestationes et [. . . . c]alumpnia [. . . .] reddendum in causa quan-[tum] de jure fuerit procedendum.

[Actum de consensu] partium anno Domini M° CC° XXX° III°.

216. — 1234, 1er février. — Assignatum est crastinum quindene Purificationis Beate Marie, Willelmo de Brenna, militi, contra abbatem et conventum Sancti Juliani Turonensis ad pet[. . . .] ad jur[andum] de calumpnia et ad adendum ulterius quantum jus dictab[it. . . .] dictus miles sufficienter productiones testium, que sibi competebant de jure.

Actum de consensu partium anno Domini M° CC° XXX° III°, in vigilia Purificationis Beate Marie [. . . .].

217. — 1234, 17 février. — Publicatis attestationibus Willelmi de Brenna, militis, contra abbatem et conventum Beati Juliani Turonensis, assignata est dies Sabbati proxima post *Invocavit me*, ad dicendum in testimonium et dicta et ante

[. . . ne]cesse fuerit [. . . .] et habere instrumenta et alia auxilia ad defensionem cause sue.

Actum de consensu partium anno Domini M° CC° XXX° III°, crastino quindene Purificationis Beate Virginis.

218. — 1234, mars. — Assignata est dies Veneris proxima post *Letare Jerusalem* abbati et conventui Beati Juliani Turonensis, ex una parte, et Guillermo de Brenna, militis, ex altera, ad ferendam sententiam, si de causa linquat die vero dominica precedenti [. . . .] hinc et inde.

Actum de consensu partium an[no Domini] M° CC° XXX° [III°].

219. — 1234, 7 avril. — Assignata est dies Jovis proxima post *Quasimodo* abbati et conventui Beati Juliani, ex una parte, et Guillermo de Brenna, militi, ex altera, ad id agendum quod debebat agi die Veneris proxima post *Letare* [*Jerusalem*. . .] ven̄ peteret prior de Nozilleio, a dicto milite, sibi reddi [e]quum Nicholai[. . . . i]psius militis, servienti dicti prioris dicebantur abstulisse. Injunximus dicto militi quod dictum equm liberet, vel recredat cum plegiis dicto servienti de stando juri ubi debuerit, et inhibuimus eidem militi [ne dictos reli]giosos molestet, litte pendente coram nobis super haiis de Noz[illeio. . . .] inter ipsos habitis coram nobis.

Actum de consensu partium anno gratie M° CC° XXX° III°, die Veneris supradicta.

220. — 1234, 4 mai. — Assignata est dies Lune post *Jubilate* Guillelmo de Brenna, militi, contra abbatem et conventum Sancti Juliani Turonensis ad firmandum si de causa linquat, et die Veneris precedenti tradentur posiciones, que debent fieri ex parte dicti militis, procuratori dictorum abbatis et conventus, et die Lune predicta[. . . .] si responsiones ex parte dictorum abbatis et conventus, qui de jure fuerint faciende, et facta est dicto militi copia carte Roberti, quondam illustrissimi regis Francorum, et procedetur dicta die quantum de jure fuerit procedendum.

Actum de consensu partium anno Domini M° CC° XXX°

III°, die Jovis post *Quasimodo*, qua die partes juraverunt coram nobis de calumpnia.

221. — 1234, mai. — Assignata est dies Sabbati proxima ante Adscensionem Domini abbati et conventui Beati Juliani Turonensis, ex una parte, et Willelmo de Brenna, militi, ex altera, ad id agendum quod debebat agi die Lune proxima post *Jubilate*.

Actum de consensu partium anno M° CC° XXX° IIII°.

222. — 1234, 27 mai. — Assignata est dies Lune proxima post Ascensionem Domini abbati et conventui Beati Juliani Turonensis, ex una parte, et Willelmo de Brenna, militi, ex altera, ad id agendum quod debebat agi die Sabbati ante Ascensionem Domini et ad procedendum in causa quantum de jure fuerit procedendum, et dicta die Sabbati obligavit se magister P. de Buelio pro dicto milite ad penam unius marce argenti de rati habitacione.

Actum de consensu partium dicta die Sabbati, anno gratie M° CC° XXX° IIII°.

223. — 1234, 5 juin. — Assignata est dies Sabbati feriatorum Pentecostes abbati et conventui Beati Juliani Turonensis contra Guillelmum de Brenna, militem, ad producendum testes suos de secunda productione super contentis in memoriali nostro quod sic incipit : *Publicatis attestationibus*, *etc.*, super quo habuerunt primam productionem, et ad producendum ulterius quantum jus dictaverit.

Actum de consensu partium, die Lune proxima post Ascensionem Domini, anno gratie M° CC° XXX° IIII°.

224. — 1234, 17 juin. — Officialis curie Turonensis, dilectis in Christo de Sancto Audoeno de Nemore, de Ruigneio et Ruppibus Corbonis presbyteris, salutem in Domino.

Mandamus vobis quatenus peremptorie citetis Willelmum de Brenna, militem, ut coram nobis Turonis compareat die Mercurii proxima post Nativitatem sancti Johannis Baptiste, visurus publicationem attestationum ex parte abbatis et conventus Sancti Juliani Turonensis productarum. Ad hec autem facienda alter vestrum alterum non expectet.

Datum die Sabbati feriatorum Pentecostes, qua die fuerunt recepti testes, videlicet : Michael, Mauricius, Martinus, J., Johannes Oger, Andreas, G. et Nicholaus, dicto milite per contumaciam absente, anno Domini [M°CC°] XXX°IIII°.

225. — 1234, 28 juin. — Die Mercurii proxima post Nativitatem Beati Johannis Baptiste, comparuerunt coram nobis abbas et conventus Beati Juliani Turonensis et, prout decuit, expectaverunt contra Willelmum de Brenna, militem, qui nec venit nec pro se misit procuratorem, sed misit Willelmum Bardel, dicentem quod erat in expeditione domini regis, quare dicta die non fuit processum in causa.

Datum die [. . .] anno gratie M°CC°XXX°IIII°.

226. — 1234, 25 juillet. — Vos de Nozilleio, de Ruigneio et de Sancto Audoeno presbiteris, citate iterum peremptorie secundum retroacta Guillelmum de Brenna, militem, ad crastinum Sancti Petri ad Vincula abbati et conventui Sancti Juliani responsurum.

Datum in festo Sancti Jacobi apostoli, anno Domini M°CC° XXX°IIII°.

227. — 1234, 2 août. — Officialis curie Turonensis, dilectis in Christo de Ruppibus Corbonis, de Ruigneio, de Sancto Audoeno de Nemore et de Nozilleio presbiteris, salutem in Domino.

Cum Guillermus de Brenna, miles, citatus iterum peremptorie ad crastinum Sancti Petri ad Vincula ad querelam abbatis et conventus Sancti Juliani non venerit [nec] miserit procuratorem, dictis abbate et conven[tu] coram nobis, ut decuit per procuratorem expectantibus, vobis mandamus firmiter precipientes quatenus ipsum militem iterato peremptorie citetis coram nobis ad diem Sabbati post supradictum festum, visurum publicationem attestationum dictorum abbatis et conventus, et sciat quod, si non venerit sive non procurator nominatus, ad publicationem predictam precedemus, et ad citationem istam faciendam alter vestrum alterum non expectet, quo tempestive facto redd. sigill.[1].

Datum crastino supradicto, anno gratie M°CC°XXX°IIII°.

228. — 1234, 9 août. — Officialis curie Turonensis, de Nozilleio, de Ruigneio, de Sancto Audoeno de Nemore et de Ruppibus Corbonis presbiteris, salutem in Domino.

Cum Guillelmus de Brenna, miles, primo, secundo et tertio peremptorie, ad videndum publicationem attestationum abbatis et conventus Sancti Juliani contra ipsum, non venerit, nec miserit procuratorem, dictis abbate et conventu per procuratorem in terminis assignatis, prout decuit, expectantibus, vobis precipiendo mandamus quatenus dictum militem peremptorie citetis coram nobis ad diem Jovis post Assupptionem Beate Marie ad sententiam audiendam si de causa liqueat.

Datum die Sabbati post festum Beati Petri ad Vincula, quo die processimus ad publicationem attestationum predictarum, dicto milite per contumaciam absente, anno gratie M° CC°XXX°IIII°.

Et hoc tempestive facto redd. litt. sigil. Ad quod faciendum alter alterum non expectet.

229. — 1234, 17 août. — Officialis curie Turonensis, de Nozilleio, de Sancto Audoeno de Nemore, de Rupibus Corbonis et de Ruigneio presbiteris, salutem in Domino.

Cum Guillelmus de Brenna, miles, peremptorie citatus coram nobis ad diem Jovis post Assumpsionem Beate Marie ad audiendam sententiam supra causam, que vertitur coram nobis inter ipsum, ex una parte, et abbatem et conventum Sancti Juliani, ex altera, non venerit nec miserit procuratorem dictis abbate et conventu per procuratorem expectantibus, vobis mandamus quatenus dictum militem iterum peremptorie citetis coram nobis ad crastinum Sancti Bartholomei apostoli sententiam auditurum, et sciat quod si non venerit [. . .

1. Nous maintenons l'abréviation de ce membre de phrase qui, dans la suite, se retrouve plusieurs fois dans cette forme : *redd. litt. sigil.* On pourrait peut-être lire : *reddite litteras sigillatas.*

nichilo]minus, si de jure fieri poterit, procedemus. Et ad eum citandum alter alterum non expectet, redd. litt. sig.

Datum die Jovis predicta, anno Domini M°CC°XXX°IIII°.

230. — 1234, 10 septembre. — Officialis curie Turonensis, de Sancto Audoeno de Nemore, et de Ruigneio, et de Ruppibus Corbonis presbiteris, salutem in Domino.

Cum Guillelmus de Brenna, miles, peremptorie fuerit citatus pluries et maxime ultimo ad crastinum Nativitatis Beate Marie, auditurus sententiam deffinitivam super causa, que vertitur coram nobis inter ipsum, ex una parte, et monachos Sancti Juliani, ex altera, nec venerit nec miserit procuratorem, predictis monachis in singulis terminis per procuratorem coram nobis, prout decuit, expectantibus, ad diffinitivam sententiam de jure processisse potuissemus. Ad convincendam tantum ipsius malitiam, vobis precipiendo mandamus quatinus dictum militem iterum peremptorie citetis in propria persona, si possit inveniri, [. . . vel] ipsius servientes, vel saltem ad suum vel ad aliud domicilium [in] quo magis morari consuevit, ad diem Sabbati crastinum octabarum Nativitis Beate Marie, Turonis, coram nobis, supra causa predicta deffinitivam sententiam auditurum; et sciat quod si non venerit sive non procurator nominatus, sciat dictus quod ad deffinitivam sententiam procedemus, redd. sig.

Datum] anno gratie M°CC°XXX°IIII° Dominica proxima post Nativitatem Beate Marie predictam.

231. — 1234, 24 septembre, — Officialis curie Turonensis, presbitero de Ruigneio, salutem.

Cum Guillelmus de Brenna, miles, tertio et quarto vel amplius, ut credimus, citatus fuerit peremptorie coram nobis ad audiendam diffinitivam [sententiam in causa,] que vertitur coram nobis [inter] ipsum, ex una parte, et monachos Beati Juliani, ex altera, et ad ullam citationem non venerit nec miserit procuratorem, dictis monachis in singulis terminis comparentibus, et prout decuit, expectantibus, quanquam si voluissemus potuissemus de jure jamdiu est ad deffinitivam sententiam processisse, nobis, tamen ad convencendam ipsius [mali]tiam et contumatiam manifestam, percipiendo mandamus quatenus ipsum, si commode potueritis invenire, ex abundanti, iterum peremptorie Turonis, coram nobis, ad diem Mercurii post festum Beati Michaelis, predictam sententiam auditurum; quod si inveniri non poterit citationem ipsam, preposito et nostri, et ad do[micilia ma]xime ad ea quibus frequenter habitat, et etiam in ecclesia, publice denuntietis, ita quod, sive venerit sive non procurator nominatus[1], ad supradictam sententiam procedemus.

Preterea, singulis diebus Dominicis et festivis, pulsatis campanis, accensis candelis, in generali excomunicetis omnes illos, qui in Richardum, clericum, latorem litterarum nostrarum, manus violentes inferre (?) presumpserunt, et eidem litteras minis abstulerunt, redd. litt. sigil.

Datum anno gratie M°CC°XXX°IIII°, die Lune post festum Beati Mauritii.

232. — 1234, septembre. — Vos, presbiter Sancti Clementis Turonensis[2], citate peremptorie Turonis, coram nobis ad diem Mercurii post festum Sancti Michaelis Guillelmum de Brenna, militem, super causa, que vertitur inter ipsum, ex una parte, et abbatem et conventum Sancti Juliani, ex altera, definitivam sententiam auditurum, et sciat quod si non venerit si non procurator nominatus ad sententiam procedemus, cum ad id fuit tribus vel IIII° vel amplius citatoriis peremptorie citatus, redd. litt. sigil.

Datum anno gratie M°CC°XXX°IIII°.

233. — 1234, octobre. — Universis presentes litteras inspecturis, officialis curie Turonensis, salutem in Domino.

Noverint universi quod, litigantibus, coram nobis, viris religiosis abbate et conventu Beati Juliani Turonensis, ex

1. Ici et plus bas, ces deux mots sont écrits ainsi : un *p* barré du signe abréviatif *pro* placé en interligne au-dessus de *nomin*.

2. Saint-Clément, ancienne paroisse de la ville de Tours, réunie en 1781 à celle de Sainte-Croix.

una parte, et Willelmo de Brenna, milite, ex altera, dictis abbate et conventu proponentibus quod idem Guillelmus et servientes ipsius, in prioratu et terra ipsorum de Nozilleio, sibi et suis hominibus, multas injurias ac violencias intulis-s[ent] et eorum mensuras indebite capiendo, et homines eorum occasione hujusmodi multipliciter molestando, haias sibi in propriis eorumdem nemoribus indebite vendicando, fossata quedam vetera in ipsorum propria terra facta, reparari in ipsorum prejudicium faciendo, in predictis haiis et fossatis homines suos et animalia eorumdem indebite capiendo et exinde emendas, contra justitiam, exigendo, in ipsorum nemoribus de mandato eorum secantibus impedimenta plurima faciendo, homines eorumdem ne ad ipsorum molendina prevenirent, contra justitiam, prohibendo ; quare, et, ut a premissis cessaret injuriis, eumdem compelli petebant, et damna exinde illata, que ad valorem quadraginta librarum turonensium estimabant, sibi nichilominus resartiri.

Idem miles se predicta fecisse confessus est, coram nobis, ad sui deffensionem allegans quod predicta fecerat et facere poterat jure suo ; que omnia ad jus ipsius pertinere memorati monachi negaverunt.

Litte *(sic)* igitur contestata ; receptis testibus ex parte militis supradicti productis, cum idem miles in intencione sua probanda defecerit ; attento nichilominus instrumento felicis recordationis Roberti, quondam regis Francorum, ex parte monachorum exhibito coram nobis, per quod, ex dono antecessorum militis antedicti, apparet ecclesiam ac villam de Nozilleio pertinere ac ipsos, cum terris et incultis, silvis, pascuis, aquis aquarumve decursibus, mobilibus et inmobilibus, previis et exitibus, cum familia utriusque sexus, libere et quiete sine ulla calumpnia vel diminutione ab ipsis perpetuo possidendas, decem solidorum servitio retento tantummodo domino Ruppium Corbonis ; nos, communicato prudentum consilio, ejusdem militis absentia Dei repleta presentia, per definitivam sententiam eidem militi duximus injungendum, ut a predictis cesset injuriis, nec monachos antedictos vel homines eorumdem super premissis post hac inquietare vel in aliquo molestare presumat, eumdem militem in viginti libr[as] pro dampnis et in decem libr[as] pro expensis, coram nobis, ut decuit, probatis, prefatis abbati et conventui nichilominus condempnantes.

In cujus rei memoriam presentes litteras contulimus sigilli curie Turonensis munimine roboratas.

Actum anno gratie M°CC°XXX° quarto, mense octobri.

234. — 1234, n. s., mars [1]. — VIDIMUS PAR LE DOYEN ET LE TRÉSORIER DE TOURS ET LE SOUS-DOYEN DE SAINT-MARTIN DE LA CHARTE DONNÉE EN 1014 PAR ROBERT LE PIEUX AU PROFIT DE SAINT-JULIEN DE TOURS. — (Copie, B. N., Latin, 12.677, fol. 203.)

Omnibus presentes litteras inspecturis, C., decanus, C., thesaurarius Turonensis, et J., subdecanus Beati Martini Turonensis, salutem in Domino.

Quoniam quod scimus loquimur et quod vidimus testamur, ad universorum notitiam volumus pervenire quod nos litteras felicis memoriæ Roberti illustrissimi regis Francorum, inspeximus et vidimus sub hac forma :

[Ici le texte du n° 8.]

Nos vero, prefati regis litteris testimonium perhibentes veritatis, presentem paginam sigillorum nostrorum munimine duximus roborandam.

Actum anno gratiæ M°CC° trigesimo tertio, mense martio.

235. — 1234, n. s., 15 avril. — BAILLÉE A RENTE D'UNE GRANDE PIÈCE DE VIGNE EN LA PAROISSE DE CERELLES [2], AU FIEF DE SAINT-JULIEN, FAITE A *Hernulphus de Lineriis* PAR LE CHAMBRIER DE SAINT-JULIEN, DU SAMEDI AVANT LES PALMES M.CC. XXX.III. — (*Inventaire des titres de la Chambrerie*, Archives d'Indre-et-Loire, H 509, p. 51.)

236. — 1234, août, Parthenay. — CHARTE PAR LAQUELLE GUILLAUME DE PARTHENAY DÉCLARE AUX MOINES DE SAINT-

1. L'année 1233 ancien style est comptée du 5 avril 1233 au 23 avril 1234 ; cette charte est donc de mars 1234.
2. Cérelles, canton de Neuillé-Pont-Pierre (Indre-et-Loire).

JULIEN QU'IL NE SE RECONNAIT AUCUN DROIT SUR LEURS HOMMES DE CHATEAU-BOURDIN. — (Copie, B. N., Latin, 5.443, p. 64.)

Universis presentes litteras inspecturis, Willelmus Archiepiscopus, dominus Partiniaci[1], salutem in Domino.

Universitati vestre notum facio quod ego non habeo in villa de Castro Bordini[2] aliquam alliam consuetudinariam, nec aliquid possum ab eis petere per violenciam, nisi michi liberaliter dicti homines dederint et spontanea voluntate; et in hujus rei testimonium dedi abbati et capitulo Beati Juliani Turonensis presentes litteras sigillo meo sigillatas.

Actum apud Partiniacum, anno Domini M.CC.XXX.IIII, mense augusti.

237. — 1234, 27 octobre, Pérouse. — BULLE DU PAPE GRÉGOIRE IX EN FAVEUR DE L'ABBAYE DE SAINT-JULIEN. — (Analyse, B. N., Latin, 12.677, fol. 202.)

[Gregorius], pontifex, confirmat omnes libertates, exemptiones, privilegia ejusdem monasterii [Sancti Juliani Turonensis] et sub beati Petri protectione suscipit.

Datum Perusii, VI kalendas novembris, pontificatus anno VIII.

238. — 1235, n. s., 2 mars. — COMPROMIS PAR LEQUEL GUILLAUME DE BRENNE ET LES MOINES DE SAINT-JULIEN DÉCIDENT DE SOUMETTRE LEUR DIFFÉREND AU JUGEMENT DE L'ARCHEVÊQUE DE TOURS. — (Original parchemin, jadis scellé sur double queue de parchemin, Archives d'Indre-et-Loire, H 489.)

Juhellus, Dei gratia Turonensis archiepiscopus, omnibus presentes litteras inspecturis, salutem in Domino.

Noverint universi quod, cum, inter viros religiosos abbatem et conventum Sancti Juliani Turonensis, ex una parte, et Willelmum de Brenna, militem, ex altera, coram officiali nostro, diutius contentio verteretur, super pluribus et diversis articulis jurisditionis prioratus de Nuzilleio[3] et pertinentium

1. Parthenay, chef-lieu d'arrondissement (Deux-Sèvres).
2. Château-Bourdin, commune de Saint-Pardoux (Deux-Sèvres).
3. Nouzilly, canton de Châteaurenault (Indre-et-Loire).

ad prioratum illum, prout in litteris nostris et actis habitis coram ipso officiali super eadem causa plenius continetur; cumque lata fuisset sententia definitiva pro dictis monachis ab officiali predicto, a qua tanquam ab iniquo, ut dicebat, ad Sedem Apostolicam appellaverat idem miles; cumque predictus miles bona eorum ante sententiam et post per violentiam, occupasset, propter quam violentiam, nos in ipsum excommunicationis sententiam tuleramus; tandem, de bonorum virorum consilio, partes, coram nobis constitute, in nos super omnibus predictis contentionibus compromiserunt, ita scilicet quod predictus miles omnia bona predictorum monachorum, quecumque habebat, vel aliquis, nomine ipsius, predictis monachis incontinenti restitueret, videlicet in crastino, omnia vero dampna quecumque sustinuerunt predicti monachi, occasione predicte occupationis et violentie, probatione habita per juramentum unius monachi, in animas eorum, taxatione nostra legitima procedente, eisdem monachis in terminis a nobis assignandis resarciret.

Super principali vero causa ita fuit condictum: quod nos, visis omnibus actis cause predicte et diligenter examinatis, vel iterum examinandis, si viderimus expedire, et inspectis receptis etiam juramentis et depositionibus L., prioris de Cancellis [1], et Willelmi de Nozilleio, canonici Turonensis, et aliorum quorum viderimus expedire, videbimus an fuerit juste lata vel injuste, et tunc ad confirmationem vel infirmationem predicte sentencie procedemus, statuentes in principali negotio quod fuerit statuendum.

Predictus vero miles de predictis omnibus observandis et quod dictum nostrum teneret et quod bona et dampna, sicut predictum est, restitueret, tactis sacrosanctis, prestitit sacramentum. Et de dicto nostro tenendo super principali negocio promisit penam centum librarum, si a dicto nostro aliquatenus resiliret, ita quod, pena illa soluta nichilominus etiam dictum nostrum ratum et stabile remaneret.

1. Chanceaux-sur-Choisille, canton de Vouvray (Indre-et-Loire).

Et de pena illa solvenda et de bonis et dampnis, ut dictum est, resartiendis, dedit plegios nobiles viros : Gaufridum de Paludello ; Petrum de Vindocinio, filium comitis ; Philippum de Melleio et Bochardum de Montesorio, milites.

Et abbas, pro se et capitulo suo, de predicto dicto tenendo et de pena solvenda si resiliret dedit plegios videlicet : G., thesaurarium ; et magistrum Martinum, archidiaconum Transvigen. ; G., archidiaconum Transllig. et Martinum, clericum, canonicum de Ambazia.

Juravit etiam dictus miles de indempnitate omnium monachorum et omnium suorum.

Actum de consensu partium, anno gratie M°CC°XXX°IIII°, die Veneris post *Invocavit me*.

239. — 1229-1245. — Acte par lequel Juhel, archevêque de Tours, vidime les donations faites a l'abbaye de Saint-Julien par Guillaume de la Ferté-Macé. — (Original parchemin, Archives d'Indre-et-Loire, H 487.)

Juhellus, Dei gratia Turonensis archiepiscopus, viro prudenti Johanni de Vineis, ballivo domini regis Francorum in Normannia, salutem in Domino.

Litteras Guillelmi, quondam domini de Feritate Mathei, vidimus sub hac forma :

[Ici le texte du n° 45].

240. — 1237. — Accord par lequel Gilles de Chatenay reconnait devoir aux moines de la Milesse une rente annuelle de dix deniers et de trois setiers de blé sur son moulin du Souci. — (Copie, B. N., Latin, 5.443, p. 65.)

Universis . . . officialis Cenomannensis, salutem.

Cum contentio verteretur inter abbatem et conventum Beati Juliani Turonensis et Egidium de Chasteneio [1], militem, super tertia parte bladi molendini dicti militis de Souci [2], quam ab eodem milite petebant dicti monachi . . .

Dictus Egidius et ejus heredes reddent priori de Milecia x

1. Le fief de Châtenay est situé commune de Saint-Saturnin (Sarthe).
2. Peut-être le Soucy *alias* les Soucis commune de la Guerche (Sarthe).

denarios turonensium censuales et tres sextarios bladi in dicto molendino . . .

Anno Domini M.CC.XXX.VII[1].

241. — 1238. — SENTENCE ARBITRALE RENDUE PAR JUHEL DE MATHEFELON, ARCHEVÊQUE DE TOURS, QUI TERMINE LE PROCÈS PENDANT ENTRE GUILLAUME DE BRENNE ET LES MOINES DE SAINT-JULIEN. — (D'après : un vidimus de Geoffroy de Brenne, original parchemin incomplet[2] et copie du XVIIIe et un autre vidimus donné par l'archevêque Juhel en septembre 1244, copie papier, Archives d'Indre-et-Loire, H 489.)

Juhellus, Dei gratia Turonensis archiepiscopus, omnibus presentes litte[ras inspecturis, salutem in Domino.

Noverint universi quod, inter viros religiosos ab]batem et conventum Beati Juliani Turonensis, ex una parte, et [Willelmum de Brenna, mili]tem, ex altera, questione suborta supra quibusdam juribus et dominiis, [que idem miles se dice]bat habere in territorio et hominibus ipsorum monachorum de Nozilleio, altam videlicet justitiam [omnimodam et omnia, que ad eam pertinent, et vigeriam omnimodam, cum omnibus ad] vigeriam pertinentibus, et exercitum, et chevaucheiam, et haias et [fossata, et custodiam ne]morum et haiarum et fossatorum et annuam procurationem [in prioratu de Nozilleio, et ques]tam mestive, et redditum annuum castanearum sive frumenti in hominibus predicti territorii ; [abbate et conventu predictis dicto militi negantibus omnia supradicta et asserentibus]

1. Dans l'*Inventaire des titres de la Milesse*, conservé aux Archives d'Indre-et-Loire, H 488, cette charte et une autre du XIe siècle publiée ci-dessus, t. I, p. 211, sont analysées ensemble ainsi qu'il suit : *Hugo, cognomento Scribaris, decimam unius arpenti vineæ, quæ erat Sigeberti de Miletia, burgensis, monachis Sancti Juliani, pro animæ suæ et parentum suorum salute, in perpetuum, Deo inspirante, donavit. Tria sextaria bladi, unum frumenti et duo siliginis, supra molendinum Ægidii de Casteneio, militis, priori de Miletia, in festo Nativitatis Beatæ Mariæ, et in vigilia Nativitatis Domini duos denarios turonenses censuales, et hoc faciendo predictum molendinum pacifice militi et suis heredibus quietum et liberum remanebit. Anno M.CC.XXX.VII*

2. Ce parchemin a été découpé dans le sens vertical en bandes, dont sept seulement ont été retrouvées.

omnia illa totumque territorium, cum hominibus supradictis, ad ipsos pleno [jure integre pertinere, cum omni integri]tate, ex donatione Corbonis, militis, et ex confirmatione fe[licis memorie Roberti, quonda]m illustris regis Francorum, sicut in carta eorum contineri dicebatur; tandem su[pra dictis et super omnibus aliis costumis, juribus sive dominiis apparentibus vel non apparentibus, que idem miles de facto vel de jure se dicebat [habere in territorio et homini]bus predictis, inter ipsum militem et dictos abbatem et conv[entum, non obstante qua]dam sententia ab officiali nostro supra eisdem inter eosdem prolata et appellatione ex parte [militis ab eodem legitime interposita, ut dicebat, in nos exti]tit compromissum, promissione facta hinc inde, fide data et pena [centum librarum turonensium adje]cta, quod supra omnibus premissis ac redditibus, seu annua sum[ma pecunie sive pena ab altera parte alteri persolvendis seu etiam assignandis, alte et basse dictum nostrum et ordinationem nostram fideliter in perpetuum observarent.

Nos vero, utriusque par]tis utilitate pensata, communicato bonorum virorum consilio, de con[sensu partium, dictum nostrum et or]dinationem nostram super eisdem contentionibus habitis vel [habendis ac aliis memo]ratis, pro bono pacis, protulimus in hunc modum : quod neque prefatus Guillelmus neque heredes ejus seu [qualescumque successores ejus in territorio et hominibus predictis, sive in bosco, sive in pla]no, sive in aquis, sive in aliqua alia re, aliquid juris vel [dominii cujuslibet costume] vel exactionis, quacumque ex causa vel occasione de cetero recl[amabunt; eidem Guillelmo et ejus] heredibus super omnibus prescriptis juribus et dominiis et quibuslibet aliis, que in predictis territorio [et hominibus idem Guillelmus se habere dicebat, perpetuum silentium imponentes; ipsumque] totumque territorium, cum hominibus et pertinentiis omnibus, juribus [et dominiis et justitiis omnimo-] dis, prescriptis abbati et conventui et eorum successoribus pro[nuntiamus quietum ac liberum ab om]ni jure et consuetudine vel qualibet exactione, de cetero perpetuo remanendum, salvo hommagio [quod dominus de Garoscheria[1] debet domino Rupium Corbonis, ratione justitie quam habet] in feodo quod tenet a monachis supradictis.

Ceterum ex a[lia parte duximus ordinandum] quod dicti abbas et conventus in recompensationem jurium [et reddituum, que idem miles se dice]bat habere in territorio et hominibus supradictis, predicto Guillelmo et ejus heredibus, vel eorum [certo mandato, reddent perpetuo annuatim viginti libras usualis monete, medieta]tem videlicet in Nativitate Beati Johannis Baptiste, et aliam medietatem in Nativitate Domini, apud Turones, coram officialem curie Turonensis, vel coram substituto loco of[ficialis, infra meridiem, ita quod si di]cti abbas et conventus predictum redditum non redderent terminis et loco prescriptis, pro quali[bet die in qua essent in mora solvendi, solvent dicto Guillelmo et ejus heredibus quin]que solidos nomine pene et, pena omissa dictum nostrum sive ordinatio i[n suo robore nihilominus per]manebit.

Item quilibet abbas Beati Juliani Turonensis, qui p[ro tempore fuerit, in die benediction]is sue vel alias, si super hec fuerit requisitus, et predictus Guillelmus et successores [sui, qui pro tempore fuerint, infra tertium diem ex quo fuerint requisiti jurabunt, cora]m archiepiscopo Turonensi, qui pro tempore fuerit, vel mandato ipsius quod hanc [ordinationem nostram firmi]ter observabunt.

Nos autem et successores nostri tenebi[mur compellere predictos abbatem et] conventum ad solvendum predictum redditum et penam quinque solidorum, si forsan, ut [dictum est, in solutione cessarent. Tenebimur etiam tam nos quam successores nostri] compellere tam singulos abbates Sancti Juliani quam dictum Guillelmum [et ejus heredes ad prestandum sa]cramentum superius annotatum, et ad ordinationem predictam [firmiter et integraliter obser]vandam, supra quo dictus Guillelmus se juridictioni nostre submisit et pro se et pro successoribus suis.

1. La Garochère *alias* Garochère, commune de Nouzilly (Indre-et-Loire).

[Promiserunt autem hinc inde tam dicti abbas et conventus quam dictus Guillelmus, pro] se et suis successoribus, quod contra supradicta, per se, vel per alium non [venient, et quod contra hec a] Sede Apostolica nichil aliquatenus impetrabunt, et, si alter im[petraverit, non utentur impetrato], et hec omnia diligenter attendere et fideliter observare in omnibus et singulis arti[culis, bona fide et sine mala ingenio, tactis sacrosanctis, juraverunt.

Hanc] autem ordinationem sive dictum nostrum gratum et acceptum habuerunt Y[sabellis, domina de Poceio, mater] dicti Guillelmi, et Maltidis, uxor illius, coram mandato nostro [ad hoc a nobis specialiter] destinato, videlicet magistro Guillelmo, archidiacono Transligerino, et fidem dederunt in ma[nu ipsius de non veniendo contra].

In cujus [rei memoriam et, ut hec ordin]atio nostra robur in posterum perpetue firmitatis obtineat, ad [instantiam abbatis, pro se] specialiter procuratoris conventus ad audiendam et acceptandam presentem ordi[nationem sufficienter instructi, et predicti Guillelmi, coram nobis presentis, dicta or]dinatione expressim ab utraque parte acceptata, presentes litteras [conscribi fecimus et sigilli nostri munimine roborari.

Actum anno gratie M°CC°XXX°VIII°.]

242. — 1238. — ACTE PAR LEQUEL GEOFFROY DE BRENNE VIDIME ET APPROUVE LA SENTENCE ARBITRALE RENDUE PAR L'ARCHEVÊQUE JUHEL DANS LE PROCÈS PENDANT ENTRE GUILLAUME DE BRENNE, SON FRÈRE, ET LES MOINES DE SAINT-JULIEN. — (Original parchemin incomplet et copie du XVIII° siècle sur papier, Archives d'Indre-et-Loire, H 489. — Autre copie faite sur l'original scellé en cire verte sur double lacs de soie jaunâtre tirant sur le gris, B. N., Latin 5443, p. 60.)

[Ego, Gaufredus de Brenna, dominus de Rupibus Corbonis, notum facio u]niversis tam presentibus quam futuris quod ego litteras [venerabilis pastoris Juhelli, Tu]ronensis archiepiscopi, non abolitas [non cancel]latas [nec in aliqua parte sui viciatas vidi] sub hac forma :

[Ici le texte publié ci-dessus, n° 241.]

[Ego ver]o, frater prenominati Guillelmi, dictum sive ordinationem venerabilis patris predicti superius [annotatam, ratam habeo in perpetuum atque firmam in omnibus et singulis articulis], promitto et, bona fide, me de cetero contra non venire aliquatenus, per [me vel alium, nec dic]tam ordinationem sive dictum in aliquo violare.

Q[uod ut firmum et stabile per]maneat in futurum presentes litteras sigilli mei munimine robo[ravi.

Actum anno gratie millesimo ducentesimo tricesimo] octavo.

243. — 1238, mai. — « Cession par Wil[lelme] de Ecaufort a Hubert de Chermont, chanoine de Baieux, de tout ce qui pouvoit luy appartenir a Roncheville, paroisse de Bavant[1]. » — (Archives du Calvados, Registre A 151, f° 8.)

244. — 1238, décembre. — Accord entre les religieux de Saint-Julien et Messieurs du chapitre de Tours, qui prétendoient avoir le droit de censif sur la maison de Barthelemy de Montils, située en la Vallée de la Coudre[2], au-dela du fleuve du Cher. Les dits religieux disoient avoir toujours eu la dite maison en leur censive, pour quoi les partis offrent de s'en rapporter a des arbitres. — (*Inventaire des titres du fief de Port-Cordon,* Archives d'Indre-et-Loire, H 514, fol. 216.)

245. — 1239, août. — Confirmation par Aldéarde, dame de Nieuil, du don d'un cens sur la Guionnière de Saint-Pardoux, fait par Maurice de Nieuil, son père, au prieuré de Chateau-Bourdin. — (Copie, B. N., Latin, 5443, p. 64.)

Aldeardis, domina de Niolio, universis presentes litteras inspecturis, salutem et pacem.

Noverit universitas vestra quod, cum dominus Mauricius de Niolio, bone memorie pater meus, pro salute anime sue, dedisset in perpetuam helemosinam, ecclesie Beate Marie de

1. Bavent, canton de Troarn (Calvados).

2. La Coudre, *alias* les Creneaux *et* la Coudrière, commune de Chambray (Indre-et-Loire).

Castro Bordini, x solidos censuales annui redditus, in terra de la Guionere, sub dominio suo, in parochia Sancti Pardulphi[1], ministri predicte ecclesie de Castro Bordini, cum assensu patris mei, emerunt legitime roturam predicte terre ab agricola in dicta terra existente, retentis solummodo patri meo duobus sextariis avene annui redditus et terragio.

Ego, post decessum ipsius, in bonis suis successi. . .

Volo et concedo. . . assensu et concessione Gaufridi, filii mei primogeniti. . .

. . . Sigillo meo. . . M.CC.XXX.VIIII, mense augusti.

246. — 1240, mai. — AUTORISATION DONNÉE AUX MOINES DE SAINT-OUEN DE LA MILESSE PAR GUILLAUME D'EPORCÉ DE POSSÉDER EN SON FIEF, A LA MILESSE, L'EMPLACEMENT D'UN MOULIN QUE LEUR AVAIENT DONNÉ GUILLAUME « TECIE » ET SA FEMME. — (Analyse dans l'*Inventaire des titres du prieuré de la Milesse,* Archives d'Indre-et-Loire, H 488.)

Guillelmus de Esporce[2]. . .

Cum Guillelmus Tecie et Tecia, uxor ejus, dedissent, Sancti Juliani Turonensis abbatiæ et monachis ejusdem abbatiæ apud Sanctum Audoenum de Miletia[3] Deo servientibus, in eleemosinam terras, prata, haias, plateam ad faciendum molendinum et quidquid habebant in feodo Guillelmi de Esporce, in parrochia de Milecia, voluit et concessit ipse prædictus Guillelmus de Esporce quod prædicti monachi de cetero teneant de illo et de suis heredibus res supradictas et quidquid tenent alibi dicti monachi de dicto Guillelmo, in parrochia de Milecia.

Datum anno Domini M.CC.XL, mense maio, et sigillatum sigillo officialis Cenomanensis.

247. — 1240, 3 décembre. — DONATION DE TOUTES LES DIMES NOVALLES ET FUTURES DE LA VALLÉE D'ORCHAIRIE[4] EN LA PAROISSE DE BLÉRÉ, FAITE PAR JEAN DE BERREIA AUX RELI-

1. Saint-Pardoux, canton de Mazières-en-Gâtine (Deux-Sèvres).
2. Le fief d'Eporcé est situé commune de la Quinte (Sarthe).
3. La Milesse, canton du Mans (Sarthe).
4. Le Val-d'Orquaire, ancien fief, commune de Bléré (Indre-et-Loire).

GIEUX DE SAINT-JULIEN. — (*Inventaire des titres du fief de Bléré*, Archives d'Indre-et-Loire, H 513, p. 42.)

248. — 1241. — ACTE PAR LEQUEL LES EXÉCUTEURS TESTAMENTAIRES D'AGNÈS, VEUVE DE GUILLAUME, SÉNÉCHAL DE RENNES, INVESTISSENT GERVAIS, PRIEUR DE SAINT-CYR-LÈS-RENNES, DU LEGS FAIT A SON PRIEURÉ. — (Original parchemin, jadis scellé de deux sceaux sur double queue, Archives d'Indre-et-Loire, H 495.)

Universis Xpisti fidelibus presentes litteras visuris vel audituris, magister Ad[am], archidiaconus Redonensis, et Alanus, decanus Castri Gironis[1], executores testamenti Agnetis, relicte Guillelmi, senescalli quondam Redonensis, salutem in Domino.

Universitati vestre notum fieri volumus quod, cum Guillelmus, senescallus Redonensis, et Agnes, uxor sua, emissent tria rasa avene minute, que percipere solebant Guirchenses annis singulis in prioratu Sancti Cirici Redonensis[2], dicta Agnes, in ultima voluntate sua eidem prioratui ligavit (*sic*) in perpetuam elemosinam partem suam dicte avene, videlicet rasum et dimidium, ita ut monachi ibidem Deo servientes, annis singulis, in die obitus sui, suum anniversarium celebrarent. Nos quoque prenominati exequutores testamenti dicte Agnetis, Gervasium, tunc temporis priorem Sancti Cirici Redonensis, de dicto raso et dimidio avene minute annui redditus seisivimus, secundum dicte Agnetis ultimam voluntatem.

Et ut hoc ratum habeatur in posterum presentes litteras sigillis nostris duximus roborandas.

Actum anno Domini M° CC° quadragesimo primo.

249. — 1243. — CONTRAT PAR LEQUEL CHRISTOPHE DE GUARIAU ET SA FEMME VENDENT UNE MINE DE FROMENT DE RENTE, MESURE DU PONT DE TOURS, QU'ILS ASSIGNENT SUR DEMI-ARPENT DE TERRE EN LA PAROISSE DE VALLIÈRES, AU FIEF DES ABBÉ ET

1. Châteaugiron, chef-lieu de canton de l'arrondissement de Rennes (Ille-et-Vilaine).

2. Saint-Cyr-lès-Rennes, commune de Rennes (Ille-et-Vilaine).

RELIGIEUX DE SAINT-JULIEN. — (*Inventaire des titres de la seigneurie de Vallières*, Archives d'Indre-et-Loire, H 517, p. 27.)

250. — 1243, n. s., mars [1]. — ACTE PAR LEQUEL JEAN, ABBÉ DE GASTINES, RECONNAIT TENIR CENSIVEMENT DU PRIEUR DE SAUNAY CERTAINES TERRES QU'IL POSSÈDE A MERÉ DANS LE FIEF DE L'ABBAYE DE SAINT-JULIEN. — (Original parchemin, jadis scellé de deux sceaux sur double queue de parchemin, Archives d'Indre-et-Loire, H 503.)

Omnibus presentes litteras inspecturis, frater Johannes, humilis abbas Beate Marie de Gastineta [2], totusque ejusdem loci conventus, salutem in Domino.

Noverint universi quod nos, septem quarteria vinearum et tria quarteria pratorum et terras, quas emimus a Michaele Hamelin et a Mathea, uxore sua, que omnia sita sunt apud Mere [3], in feodo abbatis et conventus Beati Juliani Turonensis, in parrochia de Sumpnaio [4], possidemus et tenemus de dictis abbate et conventu : terras videlicet ad decimas et terragia et ad alias redibiciones que exinde antea debebantur, vineas videlicet et prata ad quatuor solidos censuales reddendos priori de Sumpnaio in festo apostolorum Petri et Pauli, apud Sumpnaium, in perpetuum annuatim, salvo eciam semper eisdem abbati et conventui et priori eorum predicto omni dominio et jure, sive justicia, quam in dictis rebus semper habuerunt et habent.

In cujus rei memoriam presentes litteras eisdem abbati et conventui contulimus sigillorum nostrorum munimine roboratas.

Actum anno Domini millesimo ducentesimo quadragesimo secundo, mense marcio.

1. L'année 1242, vieux style, a été comptée du 20 avril 1242 au 12 avril 1243. Cette charte est donc de mars 1243.
2. Gastines, ancienne abbaye de l'ordre de Saint-Augustin, commune de Villedomer (Indre-et-Loire).
3. Méré, commune de Saunay (Indre-et-Loire).
4. Saunay, canton de Châteaurenault (Indre-et-Loire).

251. — 1243, octobre. — CHARTE PAR LAQUELLE JUHEL DE MATHEFELON, ARCHEVÊQUE DE TOURS, DONNE SON ASSENTIMENT A L'ÉTABLISSEMENT DE LA CHAPELLE DE SAINT-VINCENT DANS LE PRIEURÉ DE VALLIÈRES. — (Original parchemin, jadis scellé sur queue double, Archives d'Indre-et-Loire, H 504.)

Juhellus, Dei gratia Turonensis archiepiscopus, universis presentes litteras inspecturis, salutem in Domino.

Noverint universi quod nos quamdam capellam, quam vir religiosus et devotissimus (?) noster Evrardus, Beati Juliani Turonensis abbas, de nostra et Nicolai, presbiteri et persone de Valeriis [1], voluntate benivola et assensu, fundavit et edificavit, in honore Sancti Vincentii, in prioratu suo de Valeriis, eidem abbati suisque successoribus et monachis quiete et libere perpetuis temporibus habendam, ad celebrandum divina, concedimus et auctoritate ordinaria confirmamus.

In cujus rei memoriam presentes litteras contulimus, sigilli nostri munimine roboratas.

Actum anno Domini millesimo ducentesimo quadragesimo tertio, mense octobris [2].

252. — 1243, décembre. — DONATION D'UNE RENTE FAITE A L'ABBAYE DE SAINT-JULIEN PAR BARTHELEMY DU PLESSIS. — (Copie, B. N., Latin, 5443, p. 35.)

Universis. . . officialis Turonensis. . . salutem. . .

Coram nobis Bartholomeus de Plesseio, miles, donavit abbati et conventui Beati Juliani Turonensis unum modium frumenti ad mensuram Pontis Turonensis, et ad hoc obligavit se et sua mobilia. . .

Actum mense decembri, anno Domini M.CC.XL.III.

253. — 1244, septembre. — VIDIMUS DONNÉ PAR JUHEL DE MATHEFELON, ARCHEVÊQUE DE TOURS, DE LA SENTENCE ARBITRALE PAR LUI RENDUE DANS LE PROCÈS ENTRE LES MOINES DE

1. Vallières, ancienne paroisse, commune de Fondettes (Indre-et-Loire).
2. Au dos est écrit : *Littere de consensu archiepiscopi ad edificacionem capelle Sancti Vincencii de Valeriis.*

Saint-Julien et Guillaume de Brenne. — (Copie sur papier, Archives d'Indre-et-Loire, H 489.)

Juhellus, Dei gratia Turonensis archiepiscopus, omnibus presentes litteras inspecturis, salutem in Domino.

Noverint universi nos, abbati et conventui Beati Juliani Turonensis litteras de compromissione facta in nos, inter ipsos dictos abbatem et conventum, ex una parte, et Willelmum de Brenna, militem, ex altera, et de dicto nostro, prout infra per seriem continetur, dedisse sigillo nostro antiquo longuo, quo tunc temporis utebamur, sigillatas.

Tenor litterarum hic est :

[Ici le texte du n° 241.]

Et datus presentium litterarum talis : actus anno Domini M° CC° XL° quarto, mense septembri.

254. — 1244, octobre. — Donation faite devant l'official de Tours, aux religieux de Saint-Julien, par Thomas, dit l'Archevêque, de toutes les dimes des terres, tant en culture qu'a cultiver, situées en la paroisse de Bléré [1]. — (*Inventaire des titres du fief de Bléré*, Archives d'Indre-et-Loire, H 513, p. 42.)

255. — 1245, février. — Lettres de Juhel de Mathefelon notifiant l'accord établi entre l'abbaye de Saint-Julien et l'archidiacre de Tours, au sujet des églises de Vallières, la Chapelle-Saint-Remy, Ambillou, Brèches, Chenusson, etc., dépendant de la dite abbaye. — (Original parchemin, Archives d'Indre-et-Loire, H 504.)

Juhellus, Dei gratia Turonensis archiepiscopus, omnibus presentes litteras inspecturis vel audituris, eternam in Domino salutem.

Noverint universi quod, cum inter viros religiosos abbatem et conventum Beati Juliani Turonensis, ex una parte, et venerabilem virum magistrum Matheum, archidiaconum Translig[erensem], ex altera, contencio verteretur super hec, videlicet quod

1. Bléré, chef-lieu de canton de l'arrondissement de Tours (Indre-et-Loire).

idem archidiaconus, in quibusdum domibus eorum, videlicet de Valeriis [1], de Capella Sancti Remigii [2], de Anbillo [3], de Brechia [4], de Sancto Antonio [5] et de Chehuchon [6], procurationes petebat, ac dicti abbas et conventus, in contrarium, proponerent dictas domos minime teneri ad procurationes illas, ex quadam composicione dudum facta inter se et Gaufridum, predecessorem dicti archidiaconi, super illis procurationibus, super qua compositione litteras nostras et litteras venerabilium virorum . . decani et capithuli exibebant Turonensis, in medium per quas intendebant super hec se tueri ; quia post multas altercationes diu habitas inter eos, coram nobis, grave nobis erat et molestum, pensatis cause et personarum necnon et compositionis predicte circonstanciis et articulis, causam illam sententie deffinitive cartulo terminare.

Tandem iidem abbas et conventus et dictus archidiaconus, exhortationibus nostris et virorum bonorum consilio inducti, super causa predicta se omnino ordinacioni nostre subposuerunt, promittentes quod quicquid super premissis contentionibus ordinaremus, sive statueremus, alte et basse, inviolabiliter perpetuo observarent.

Nos vero, futuris contentionibus viam pre[. . . .] cupientes, et quedam forte in litteris predicte compositionis superflua resecare aut obmissa supplere volentes, de bonorum virorum consilio, et de dicti archidiaconi et magistri Petri, archipresbyteri Transligerensis, necnon magistri Nicholai, archidiaconi, et magistri Egidii, archipresbyteri Turonensium, quos eadem causa in consimili casu forte tangebat, voluntate et consensu speciali et expresso, super premissis contentionibus super domibus prenotatis habitis, et super domibus dictorum abba-

1. Vallières, ancienne paroisse, commune de Fondettes (Indre-et-Loire).

2. La Chapelle-Saint-Remy, aujourd'hui Saint-Roch, canton de Neuillé-Pont-Pierre (Indre-et-Loire).

3. Ambillou, canton de Château-la-Vallière (Indre-et-Loire).

4. Brèches, canton de Château-la-Vallière (Indre-et-Loire).

5. Saint-Antoine-du-Rocher, canton de Neuillé-Pont-Pierre (Indre-et-Loire).

6. Chenusson, commune de Saint-Laurent-en-Gastines (Indre-et-Loire).

tis et conventu in archidiaconatu Turonensi consistentibus, ordinationem nostram protulimus in hunc modum : quod pro istis domibus sive prioratibus, videlicet de Anbilleio, de Chenuchon, de Brechia, de Sancto Antonio, de Capella Sancti Remigii et de Valeriis, habebit dictus archidiaconus Transligerensis et omnes successores illius, qui tempore fuerint, sexaginta quinque solidos usualis monete, et dictus archipresbyter Transligerensis et ejus successores viginti quinque solidos, cujus totius pecunie predicte medietas eisdem solvetur in synodo Pentecostes et alia medietas in synodo Sancti Luce perpetuo annuatim.

Ceterum, cum archidiaconus et archipresbyter Turonenses dudum petiissent in domibus seu prioratibus de Renchaio [1], de Cegoigneio [2], de Parvo Gressu [3], de Derria [4] et de Messeriis [5], racione visitationis, procurationes, et super hoc compositum fuisset, licet tamen iidem archidiaconus et archipresbyter Turonenses nullam ad presens super hec moverent questionem, ne tamen eis vel eorum successoribus tribueretur occasio litigandi super predictis procurationibus, de illis ordinavimus in hunc modum, habito tamen prius eorumdem archidiaconi et archipresbyteri Turonensium speciali consensu : quod dicti archidiaconus et archipresbyter Turonenses ac eorum successores, qui pro tempore fuerint, habebunt de domibus seu prioratibus predictis, ratione procurationis : dictus archidiaconus videlicet [. . . .] solidos, et archipresbyter Turonensis et eorum successores tresdecim solidos, cujus totius pecunie medietas solvetur eisdem in synodo Pentecostes, et alia medietas in synodo Sancti Luce perpetuo annuatim.

Que videlicet pecunie summe [. . . .] prioratibus de Cigoigneio, de Rentiaco erunt percipiende, et sic dicte domus videlicet de Rentiaco et de Cignogneio, de Parvo Gressu, de Der-

1. Reuçay, commune de Monts (Indre-et-Loire).
2. Cigogné, canton de Bléré (Indre-et-Loire).
3. Le Petit-Grais, commune d'Azay-sur-Cher (Indre-et-Loire).
4. Dierre, canton de Bléré (Indre-et-Loire).
5. Mézières, commune de Dolus (Indre-et-Loire).

ria, de Messeriis et domus de Lucigneio[1] et omnes alie domus prescripte de archidiaconatibus Turonensi et Transligerensi ab omnibus procurationibus, seu a qualibet prestacione, loco procurationum, erunt absolute et libere omnino in perpetuum et inmunes, salvis tamen eisdem archidiaconis et archipresbyteris visitatione, correctione ac aliis omnibus ad eorum jurisdictionem spectantibus, salvo nichilominus eisdem archidiaconis et archipresbyteris, quod, si quandoque venerint ad loca superius nominata, ibidem cum expensis propriis liberaliter absque contradictione qualibet admittantur.

Ordinavimus eciam seu statuimus quod, nisi eisdem archidiaconis et archipresbyteris solute fuerint predicte pecunie summe, ut dictum est, et in terminis prenotatis, ipsi statim, nulla monicione premissa, administratores seu priores omnium locorum predictorum, in quibus sunt percipiende et qui defecerint in solvendo, condigna possint animadversione punire, et sic omnes archidiaconi et archipresbyteri prenotati vel eorum successores, in omnibus prenotatis domibus seu prioratibus nichil amplius, ultra summas pecunie predictas, racione cujuslibet visitacionis vel procurationis, poterunt de cetero reclamare, sive excreverint, sive non, dictarum domorum seu prioratuum facultates.

In cujus rei memoriam ad petitionem utrorumque presentes litteras conscribi fecimus et sigilli nostri testimonio communiri.

Nos vero magistri Nicholaus, archidiaconus, et Egidius, archipresbyter Turonenses, et nos magistri Matheus, archidiaconus, et Petrus, archipresbyter Transligerenses, ordinacionem prescriptam ratam et stabilem in perpetuum habemus, et ei in universis et singulis expresse et principaliter omnimode consentimus, et presentibus litteris singuli singula sigilla nostra apposuimus in testimonium et munimen.

Procuravimus eciam nichilominus, nos archiepiscopus et nos archidiaconi et archipresbyteri, quod venerabiles viri . .

1. Leugny, commune d'Azay-sur-Cher (Indre-et-Loire).

decanus et capitulum Turonense presentibus litteris sigillum capituli apposuerunt in predicte compositionis, testimonium et munimen.

Ac nos decanus et capitulum Turonense ordinacionem seu compositionem istam predictam (?) ratam in perpetuum habemus et firmam, et sigillacioni (?) presentium ad petitionem ipsorum omnes in generali et singuli in capitulo nostro voluntarie consentimus.

Actum anno Domini M° ducentesimo qua[dragesimo] quarto, mense februarii.

256. — 1245, août. — DONATION DU LIEU DE LA FOLIE, SITUÉ A BLÉRÉ, FAITE A L'ABBAYE DE SAINT-JULIEN PAR ANSELME DE BLÉRÉ. — (Original parchemin, jadis scellé sur double queue et copie papier, Archives d'Indre-et-Loire, H 400.)

Omnibus presentes litteras inspecturis, officialis curie Turonensis, salutem in Domino.

Noveritis quod, coram nobis in jure constitutus, Ancelmus de Blere dedit et concessit in puram et perpetuam elemosinam Deo et abbati et conventui Beati Juliani Turonensis quoddam tenementum quod habebat apud Blercium[1], quod vulgo appellatur la Folie, situm in feodo Guillelmi Marque, militis, a dictis abbate et conventu vel eorum mandato, cum domo, vineis et omnibus aliis pertinenciis quiete et libere in perpetuum, nomine elemosine, possidendum.

Hanc siquidem donacionem voluerunt et concesserunt firmamque et stabilem in perpetuum habuerunt : Laurentia, filia ipsius Ancelmi ; Gaufridus, filius ejusdem, et Raginaldus, maritus dicte Laurentie, coram nobis similiter constituti.

Et promiserunt, tam idem Ancelmus quam alii prenominati, quod contra non venient, per se vel alium, et quod in dicto tenemento, cujuslibet juris vel racionis beneficio, nihil de cetero reclamabunt.

In cujus rei memoriam ad eorum petitionem dictis abbati et

1. Bléré, chef-lieu de canton de l'arrondissement de Tours (Indre-et-Loire).

conventui presentes litteras contulimus sigilli curie Turonensis munimine roboratas.

Actum anno Domini M° CC° XL° V°, mense augusto.

257. — 1265, novembre. — CHARTE DE L'OFFICIAL DE TOURS, NOTIFIANT L'ASSENTIMENT DONNÉ PAR PIERRE CHEF D'OR A LA DONATION FAITE EN FAVEUR DE L'ABBAYE DE SAINT-JULIEN PAR ANSELME DE BLÉRÉ. — (Original parchemin, B. N., Français, 33.203, fol. 137.)

Universis presentes litteras inspecturis, Officialis curie Turonensis, salutem in Domino.

Noveritis quod, coram nobis in jure constitutus, Petrus Chef d'Or ratam habet et firmam donationem quam fecerant Ascelinus de Blere et uxor ejus abbati et conventui Beati Juliani Turonensis, de quadam domo et vinea cum pertinentiis, sitis apud Bleré, in feodo ipsius Petri, ut dicebat ; et traditionem et quitationem de predictis eisdem abbati et conventui factam a Johanne de Tussello et ejus uxore, sorore dicti Petri, volentes et concedentes quod dicti abbas et conventus predictas domum et vineam cum pertinentiis tenant et possideant pacifice in futurum, promittentes etiam quod per se vel per alium contra dictam donationem et quitationem de cetero non venient nec aliquid in predictis aliquatenus reclamabunt, excepta justicia quam habent vel habere debent ibidem.

Et ad hec omnia fideliter et firmiter observanda, dictus Petrus fidem in manu nostra prestitit corporalem.

In cujus rei testimonium et munimen presentes litteras, ad petitionem dicti Petri, dictis abbati et conventui sigillo curie Turonensis dedimus roboratas.

Datum mense novembris, anno Domini millesimo ducentesimo quadragesimo quinto.

258. — 1245, novembre. — CONFIRMATION PAR GUILLAUME MARKET ET ROBERT, SON FILS AINÉ, DU DON DE CERTAINS HÉRITAGES SITUÉS A BLÉRÉ EN LEUR FIEF, FAIT A L'ABBAYE DE SAINT-JULIEN PAR ANSELME DE BLÉRÉ. — (Copie du XVIIe siècle sur papier, Archives d'Indre-et-Loire, H 480.)

Universis presentes litteras inspecturis, Guillelmus Market et Robertus Marcket, filius ejus primogenitus, salutem in Domino.

Noverint universi quod nos volumus et concedimus quod abbas et conventus Beati Juliani Turonensis habeant et possideant de cetero libere, pacifice et quiete quoddam tenementum situm apud Blere, in feodo nostro, cum domo et vinea et omnibus aliis pertinentiis, quod tenementum Anselmus de Blere tenebat de Johanne de Theiseo, cujus fuit dictum tenementum, quod tenementum dictus A[nselmus] dictis abbati et conventui in perpetuam et puram elemosinam, cum assensu et voluntate dicti Johannis contulit.

Idem vero J[ohannes], dictam elemosinam ratam habens, quicquid juris habebat in dicto tenemento et pertinentibus ad illud quittavit omnino, salvis eidem Johanni quindecim solidis anni census ei inde sibi debitis, et eidem a dictis abbate et conventu, ratione dicti tenementi, annuatim persolvendis.

Nos vero presentes litteras, ad instantiam dictorum A[nselmi] et J[ohannis], ad presentes predicte donationis et concessionis et ratihabitionis nostre, dictis abbati et conventui presentes litteras dedimus sigillorum nostrorum munimine roboratas.

Datum mense novembri, anno M° CC° XL° V°.

259. — 1245, décembre. — Charte de l'official de Tours, attestant la confirmation par Jean de Tusselle et Isabelle, son épouse, du don fait a l'abbaye de Saint-Julien par Anselme de Bléré. — (Original parchemin, jadis scellé sur double queue, et copie papier, Archives d'Indre-et-Loire, H 480.)

Omnibus presentes litteras inspecturis, officialis curie Turonensis, salutem in Domino.

Noveritis quod, coram nobis in jure constituti, Johannes de Tussello et Ysabellis, uxor ejus, concesserunt abbati et conventui Beati Juliani Turonensis quiete et libere in perpetuum possidere quoddam tenementum cum domo et vinea et omnibus aliis ejusdem pertinentiis situm apud Blere, in feodo Petri

Chiefd'or, quod videlicet tenementum Anselmus de Blere, qui illud dudum tenere dicebatur de illo Johanne, dederat in elemosina dictis abbati et conventui, prout in litteris nostris continebatur, ita quod dicti abbas et conventus exinde reddent de cetero dictis Johanni et Ysabelli [et eorum] heredibus in perpetuum quindecim solidos annui census, in festo sancti Michaelis, apud Blere ; de quo tenemento, ut dice[bant], dictus Anselmus non reddebat eidem Johanni preter decem solidos censuales, omnibus aliis redibitionibus et costumis et o[mni ju]re et dominio a dicto tenemento exclusis quantum ad dictos Johannem et Ysabellem et eorum heredes preter dictos q[uindecim] solidos censuales ; et sic dicti Johannes et Ysabellis et eorum heredes, in re illa nichil aliud de cetero reclamabunt [. . .], hoc excepto, quod, si dicti abbas et conventus in solutione dictorum quindecim solidorum censualium in dicto termino deficerent, d[ictus Johannes] et ejus heredes rem predictam poterunt in manu sua saisire, donec eisdem dicti quindecim solidi persolvantur . . .

In cujus rei memoriam, ad eorum petitionem, dictis abbati et conventui presentes litteras contulimus sigilli curie Turonensis munimine roboratas,

Actum anno Domini M°CC°XL° quinto, mense decembri.

260. — 1247, 9 février. — COMPROMIS ENTRE L'ABBÉ ET LES MOINES DE SAINT-JULIEN ET LE DOYEN ET LE CHAPITRE DE TOURS, PAR LEQUEL ILS DÉCIDENT DE SOUMETTRE AU JUGEMENT DES ARCHIDIACRES D'OUTRE-LOIRE ET DE TOURS LEUR DIFFÉREND AU SUJET DE LA HAUTE JUSTICE DE PORT-CORDON. — (Copie du XVIIIe siècle dans l'*Inventaire des titres du fief de Port-Cordon*, Archives d'Indre-et-Loire, H 514, fol. 216.)

Universis presentes litteras inspecturis, R[aherius], decanus et capitulum Turonense, frater G., Beati Juliani Turonensis humilis abbas, totusque ejusdem loci conventus, salutem in Domino.

Noverint universi quod, cum inter nos decanum et capitulum Turonense, ex una parte, et nos abbatem et conventum Beati Juliani Turonensis, ex altera, controversia mota fuisset, super alta justicia, vigeria, censu et justitia ad censivam pertinentibus in territorio de Cordon[1], scilicet de loco, nos abbas et conventus rocham habemus, et de omni territorio nostro, dicti decanus et capitulum decimam totam aut pro parte percipiunt, et de vinario et viridario et de prato quod tenet Michael de Ponteleveo, et de territorio quod vocatur clausum Girardi ; tandem super hoc compromissimus in venerabiles viros magistros A., archidiaconum Transligerensem, et archidiaconum Turonensem, concedentes et promittentes hinc inde quod, quidquid supra dicta controversia et supra quibusdam articulis pertinentibus ad controversiam istam, propter pacem inter nos ex utraque parte perpetuo conservandam, dicti arbitrii statuerent, aut de voluntate sua de bono et equo, prout eis videretur, ordinarent, inviolabiliter observaremus ; hoc arbitrium pœna quinquagentarum librarum hinc inde mediante scriptione firmantes.

Actum anno Domini M°CC°XL°VI°, die Sabbati in octava Purificationis Beate Marie Virginis.

261. — 1247, 9 février. — Jugement arbitral des archidiacres d'Outre-Loire et de Tours, qui règle le différend existant entre l'abbaye de Saint-Julien et le chapitre de Tours au sujet de la haute justice de Port-Cordon. — (Copie du xviiie siècle dans l'*Inventaire des titres du fief de Port-Cordon*, Archives d'Indre-et-Loire, H 514, fol. 216.)

Universis præsentes litteras inspecturis, A., archidiaconus Transligerensis, et archipresbyter Turonensis, salutem in Domino.

Noverit universitas vestra quod, cum suborta esset controversia inter venerabiles viros decanum et capitulum Turonense, ex una parte, et viros religiosos abbatem et conventum Beati Juliani Turonensis, ex altera, super alta justitia, mensura et omni vigeria ad censivam pertinentibus, de quibusdam locis existentibus in territorio de Cordone ; tandem supradic-

1. Port-Cordon, commune de la Riche (Indre-et-Loire).

tam controversiam in nos dictæ partes, sub certa forma compromittere curaverunt, prout in compromissis super hoc factis plenius continetur, cujus tenor talis est :

[Ici le texte du n° 260.]

Nos igitur, receptis testibus, quos utraque pars sic, jure suo et expletis suis probandis, produxit, communicato bonorum virorum consilio, partium nihilominus ad hoc quam potuimus obtento assensu, deffinivimus, dicimus, statuimus et ordinamus arbitrando, quod loca superius nominata, prout alias per inquisitionem legitimam est repertum, sunt et movent de feodo ecclesiæ Turonensis, census autem et justicia pertinens ad censivam ecclesiæ Beati Juliani ; unde statuimus et ordinamus quod de dictis locis censum quiete et pacifice teneant et habeant, et justitiam pertinentem ad censum in locis prædictis, absque contradictione capituli Turonensis, libere possideant et expletent, salvis quinque solidis et dimidio quod dicti abbas et conventus de terris suis de Cordon ab antiquo consueverunt solvere capitulo Turonensi.

Alta autem justicia, mensura et omnis vigeria ad Turonense capitulum pertinebit, ita quod dictum capitulum de cetero justiciam altam et omnem vigeriam expletare poterit in omnibus locis prædictis, excepta rocha prædicta et domo quam super eam habent et duobus thessis largis terre circumquaque et omni parte mensurandis, in quibus rocha, domo et dictis thessis, dicimus, statuimus et ordinamus, ut multarum contentionum collatur occasio, quod ecclesia Beati Juliani habeat mensuram et omnem vigeriam et generaliter omnem aliam justiciam, propter altam, quas monachi tenebant ab ecclesia Turonensi ad servicium quinque solidorum currentis monetæ singulis annis mandato capituli Turonensis in festo Sancti Mauricii Turonensis solvendorum.

Statuimus et ordinamus, ut multis contentionibus occuratur et pro bono pacis inter utramque ecclesiam in posterum conservando, quod in locis predictis, excepta rocha, nullum herbergamentum fiat ad manendum nec ibi deinceps aliquis mansionarius habeatur.

Hec omnia supradicta ab utraque parte tenere, fieri et servari pronuntiamus arbitrando et ordinamus, potestate retenta de ipsarum partium voluntate declarandi verba si qua in superioribus dubia sint prelata.

Actum anno Domini M°CC°XL°VI° die Sabbati ante Cineres.

262. — 1247, 23 mai. — LETTRES DE MICHEL DE VILLOISEAU, ÉVÊQUE D'ANGERS, ORDONNANT QUE DES QUÊTES SERAIENT FAITES DANS SON DIOCÈSE POUR L'ÉGLISE DE SAINT-JULIEN DE TOURS ET ACCORDANT TRENTE JOURS D'INDULGENCES A CEUX QUI DONNERAIENT A CES QUÊTES. — (Copie, B. N., Latin, 12.677, fol. 196.)

SPIRITUS DOMINI [1]. — Michael[2], divina permissione Andegavensis episcopus, omnibus archidiaconis, decanis, archipresbiteris, prioribus, capellanis et aliis ecclesiarum prelatis, in civitate et dyocesi constitutis, ad quos presentes littere pervenerint, salutem in Domino.

Quoniam, ut aït Apostolus, omnes stabimus ante tribunal Xpisti recepturi prout in corpore gessimus, sive bonum fuerit sive malum, oportet nos diem messionis extreme operibus misericordie pervenire, ac seminare in terris quod, reddente Domino cum multiplicato fructu, recolligere valeamus in celis, firmam spem fiduciamque tenentes, quoniam qui parce seminat, parce et metet, in benedictionibus, de benedictionibus et metet vitam eternam.

ORNAVIT. — Cum quidem ad opus fabrice ecclesie Beati Juliani Turonensis proprie non suppetant facultates, universitatem vestram monemus et exhortamur in Domino atque, in remissionem vestrorum peccatorum, injungimus ut plebes vobis a Deo commissas moneatis et efficaciter inducatis ut, de bonis sibi a Deo collatis, pias elemosinas et grata subsidia largiantur, ut per ipsorum subventiones fabrice dicte ecclesie

1. La devise *Spiritus Domini ornavit celos*, qui dans la copie est écrite à l'encre rouge dans le texte, était probablement en cirographe sur l'original.

2. Michel de Villoiseau, évêque d'Angers, 1240-1260.

consulatur, et per hec et alia bona, Domino inspirante, fecerint, ad eterna possint gaudia pervenire.

Nos vero, de Omnipotentis divina misericordia, et beate Marie et beatorum Mauricii sociorumque ejus et omnium sanctorum Dei intercessionibus confisi, omnibus benefactoribus dicte ecclesie, triginta dies de penitentiis, que eis secundum exigentiam delictorum suorum injungi debuissent, misericorditer relaxamus.

Inhebemus *(sic)* etiam vobis, ne aliquem predicatorem elemosinarum questorem, in vestris ecclesiis admittatis, nisi litteras nostras vobis ostenderit, in quibus contineatur quis ipse sit et ad quid mittatur.

Celos. — Et questa vero, quando facta fuerit per proximam diem dominicam vel solemnem post susceptionem presentium litterarum, latori earumdem, sine diminutione aliqua, tradatis.

Valeant littere iste usque ad annum.

Datum die Jovis post sanctum sinodum Pentecostes, anno M°CC°XL° septimo.

263. — 1248, 22 novembre, Lyon. — Bulle du pape Innocent IV accordant aux moines de Saint-Julien de ne pouvoir être a l'avenir contraints par lettres apostoliques a conférer a qui que ce soit un de leurs bénéfices. — (Analyse, C. N., Latin. 12.677, fol. 202.)

Innocentius, monachis Sancti Juliani Turonensis, indulget ut ad receptionem, vel provisionem, alicujus in pensionibus seu beneficiis ecclesiasticis cogi de cætero per litteras apostolicas non possint, nisi plenam et expressam de hac indulgentia fecerint mentionem.

Datum Lugduni X kalendas decembris, pontificatus anno VI.

264. — Vers 1250. — Contrat de vente par Geofroi Haderique a H[. . .], doyen de Baieux, d'une pièce de terre, . . . joignant d'une part au frère du dit vendeur, d'autre a l'aumone de Saint-Julien de Tours. — (Archives du Calvados, Registre A. 151, f° 8.)

265. — 1250. — Accord entre l'abbaye de Saint-Julien et Jeanne, comtesse de Vendome, sur la justice de Beaumont-la-Chartre. — (Original parchemin, jadis scellé de trois sceaux, Archives d'Indre-et-Loire, H 479. Imprimé, *Chartes Vendômoises*, publiées par l'abbé Ch. Métais, nº CCCLXV, p. 381.)

Universis presentes litteras inspecturis et audituris, Johannes, archidiaconus Transligerensis, et Gaufridus, archipresbyter Turonensis, salutem in Domino.

Noverint universi quod, cum contencio verteretur inter religiosos viros abbatem et conventum Beati Juliani Turonensis, ex una parte, et nobilem dominam Johannam, comitissam Vindocinensem, ex altera, super justicia territorii prioratus de Bellomonte juxta Cartam [1], Cenomanensis diocesis, quam justiciam dicti abbas et conventus ad se dicebant totaliter pertinere, dicta comitissa in contrarium asserente dictam justiciam totaliter ad se et heredes suos pertinere; tandem, de bonorum virorum consilio, dicti abbas et conventus et dicta comitissa, pro se et Buchardo, filio suo et herede presente et consenciente, gratanter compromiserunt in nos et promiserunt sub pena centum librarum currentis monete, a parte resiliente a dicto seu arbitrio nostro parti observanti dictum nostrum seu arbitrium integre persolvendo, quod quicquid super dicta contencione pace vel judicio statueremus seu ordinaremus, alte et basse, perpetuo inviolabiliter observarent et tenerent.

Nos vero, tam per testes hinc inde productos quam alias prout melius potuimus, veritate super contencione predicta diligenter inquisita, communicato bonorum virorum consilio, dictum nostrum protulimus in hunc modum, videlicet quod tota alta justicia dicti territorii et pertinencie ad eandem, dicte comitisse et ejus heredibus quiete et pacifice in perpetuum remanebunt, et tota vigeria predicti territorii et pertinencie ad eandem, et quelibet alia justicia preter altam et ejus perti-

1. Beaumont-la-Chartre, commune de la Chartre-sur-le-Loir (Sarthe).

nencias, dictis abbati et conventui libere et quiete remanebunt explectanda in territorio supradicto et alibi, sicut viderint expedire, salvis tamen aliis juribus et consuetudinibus tam dictis abbati et conventui quam dicte comitisse et suis heredibus percipiendis, habendis et explectandis ab eisdem, sicut habere, explectare, percipere ab antiquo consueverunt.

Istud autem dictum nostrum injunximus utrique parti et suis successoribus et heredibus sub pena predicta in perpetuum observandum et tenendum, cui dicto seu arbitrio nostro dicte partes et dictus Buchardus acquieverunt, se et heredes suos et successores ad inviolabilem observationem dicti seu arbitrii nostri supradicti in perpetuum observantes.

In cujus rei memoria, ad peticionem parcium predictarum, presentibus litteris, una cum sigillo prefate comitisse pro se et Buchardo, filio suo, sigilla nostra duximus apponenda in testimonium veritatis.

Actum anno Domini millesimo ducentesimo quinquagesimo.

266. — 1250, 11 novembre. — Lettres de Geoffroy de Loudun, évêque du Mans, aux moines de Saint-Julien, dans laquelle il les prie de conférer au clerc Michel la cure de Saint-Aignan-de-Couptrain, vacante par la résignation de Thomas Le Veneur. — (Copie B. N., Latin, 12.677, fol. 192.)

Gaufridus [1], divina permissione Cenomanensis ecclesie minister humilis, viris religiosis et honestis abbati et conventui Sancti Juliani de Escalaria, Turonensis diocesis, salutem et sinseram *(sic)* in Domino caritatem.

Cum Thomas Le Venator, rector ecclesie Sancti Anianni de Corpoutren [2], Cenomannensis diocesis, eandem ecclesiam in manu nostra resignavit spontanea voluntate, vos rogamus et requirimus in quantum possumus, quatenus Michaeli d[e Pas]-sato clerico, latori presentium, prefatam ecclesiam, pietati[s

1. Geoffroy de Loudun, évêque du Mans, 1234-1255.
2. Saint-Aignan, canton de Couptrain (Mayenne).

in]tuitu conferatis, cujus collatio ad vos dignosc[itu]r pertinere.

Bene et diu valete in Domino.

Datum [in die] festo beati Martini hiemalis, anno Domini mill[esimo CC] quinquagesimo.

267. — 1250, décembre. — ACTE CONSTATANT LA CONFRATERNITÉ ÉTABLIE ENTRE L'ABBAYE DE SAINT-JULIEN ET CELLE DE PONTLEVOY. — (Imprimé, E. Quincarlet, à la suite du *Martyrologe-obituaire de Saint-Julien*, dans les *Mémoires de la Société Archéologique de Touraine*, t. XXIII, p. 324.)

Delabontur cum lapsu temporum gesta mortalium perennari solent memoria litterarum.

Hujus siquidem rationis intuitu annotandum scripto decrevimus societetam Pontilevii et Sancti Juliani Turonensis ecclesiarum ordinatam in hunc modum, quod si abbas alterius ecclesiæ ad alteram venerit plenam habeat potestatem, et culpas corrigendi, et ob culpam suam regulari disciplinæ subditores absolvendi.

In obitu vero eorumdem abbatum tantum faciet ecclesia Pontilevii pro abbate Sancti Juliani quantum pro proprio, et similiter ecclesia Sancti Juliani faciet converso.

De monachis autem statutum est, ut commune sit eis utriusque capitulum ecclesiæ, et hinc inde suscipiantur non tanquam hospites sed tanquam proprii monachi et professi. Si vero quandoque contigerit, occasione alicujus scandali, monachos alterius ecclesie transire ad alteram, non pro fugitivis sed tanquam professis et propriis habeantur, ibidem viventes regulariter donec ecclesiæ et abbatis suæ graciæ reparentur, nisi tam enormis eorum excessus et crimen tam notorium et manifestum fuerit, propter quod a proprio monasterio debeant expelli.

In obitu autem monachorum, cum eorum obitus ab altera ecclesia alteri fuerit nunciatus, commune fiet servicium in conventu, et unusquisque sacerdotum unam missam celebrabit et clerici, qui sacerdotes non fuerint, quinquaginta psalmos, laici quinquagies *Pater noster*.

Præterea ecclesia Pontilevii singulis annis mictet breve apud Sanctum Julianum in die festivitatis gloriosi martiris Juliani, ubi prius fiet in conventu solemne servicium et missarum subsequatur beneficium triennale. Similiter et ecclesia Beatissimi Juliani mictet breve suum apud Pontelevium in crastino Assumptionis gloriosæ Virginis Mariæ.

De infantibus autem decretum est ut, cum abbas alterius ecclesiæ ad alteram accesserit, licebit ei quemlibet in stalum ponere si viderit expedire.

Actum anno Domini M.CC.L, mense decembri.

268. — 1251, décembre. — Charte par laquelle Jean Aubert et Hervé Breton, son beau-frère, reconnaissent devoir au chapitre Saint-Martin de Tours douze sous de cens pour faire l'anniversaire de Gervais de Montsoreau. — (Original parchemin, jadis scellé sur double queue, Archives d'Indre-et-Loire, H 498.)

Universis presentes litteras inspecturis et audituris, magister Nicholaus, archidiaconus Transligerensis Turonensis, salutem in Domino.

Noverint universi quod, constituti coram nobis Johannes Auberti et Herveus Brito, sororius suus, confessi sunt in jure quod ipsi et eorum heredes tenentur reddere annuatim in festo Nativitatis Domini duodecim solidos censuales ecclesie et capitulo Beati Martini Turonensis de quadam insula que vocatur insula Leprosie, et de quadam terra que est propinqua dicte insule, que vocatur terra Convaillereu, sitis in parrochia Sancti Medardi de Pila [1], in feodo Beati Martini Turonis, pro anniversario defuncti Gervasii de Monte Sorelli in dicta ecclesia celebrando, et promiserunt predicti Johannes Auberti et Herveus, sororius ejus, quod ipsi et eorum heredes predictos duodecim solidos censuales redderent annuatim in posterum predicto capitulo in festo predicto, et super hoc obligaverunt eidem capitulo se et omnia bona sua et heredes

1. Saint-Mars-la-Pile, *modo*, Cinq-Mars-la-Pile, canton de Langeais (Indre-et-Loire).

suos et specialiter pratum ipsorum quod vocatur pratum Rillet in dicta parrochia situm in feodo Andree Breteau, fide coram nobis prestita corporalli.

Datum mense Decembris, anno Domini M°CC° quinquagesimo primo.

269. — 1252, février. — ACTE PAR LEQUEL BARTHÉLEMY DU PLESSIS CONFIRME A L'ABBAYE DE SAINT-JULIEN LA PROPRIÉTÉ DE LA MÉTAIRIE DE LA SOURDERIE, DONNÉE AU PRIEURÉ DE BUEIL PAR PIERRE DE BUEIL, CLERC, ET EN MÊME TEMPS DISPENSE LE PRIEUR DE BUEIL DU CENS QU'IL LUI DEVAIT. — (Original parchemin, jadis scellé sur double queue, Archives d'Indre-et-Loire, H 481.)

Universis presentes litteras inspecturis, Bartholomeus de Plessiaco, miles, salutem in Domino.

Notum [facio] universis quod ego, attendens curialitatem et liberalitatem, quam mihi et meis fecerunt abbas et conventus Beati J[uliani] Turonensis, pro salvatione anime mee et animarum antecessorum meorum, dedi et concessi eisdem quod ipsi teneant in perpetuum [et pos]sideant quiete et pacifice ad opus prioratus ipsorum de Buellio[1], medietariam de Soudevaria[2], cum omnibus pertinent[iis] suis et cum omnibus juribus, et dominiis et justiciis quas ibi habebam vel habere poteram, in feodo meo, sitam in parrochia de Buellio, quam eis dudum dederat magister Petrus de Buellio clericus.

Preterea, cum prior de Buellio deberet [reddere] mihi sex solidos et unum denarium annui census tam de vineis et terris de Montlivaut[3] quam de Cruce et decem solidos annui census de dicta medietaria, omnes istos census et omnes alias redibitiones, quas super easdem terras et vineas habebam vel habere poteram, dictis abbati et conventui ad opus dicti prioratus quitavi omnino in perpetuum [et concessi], nichil mihi vel meis heredibus in predictis medietaria, vineis et terris et

1. Bueil, canton de Neuvy-le-Roy (Indre-et-Loire).
2. La Sourderie, commune de Bueil.
3. Molivault, commune de Bueil.

earum pertinentiis retinens preter[quam d]uodecim denarios de annuo servitio solummodo, reddendo mihi et meis heredibus in vigilia Nativitatis Domini, apud [Pl]essiacum[1] ad domum meam.

Et concessi quod contra elemosinam seu concessionem istam per me vel per alium [de cetero non ven]iam et quod in omnibus rebus predictis quolibet jure vel juris beneficio nichil de cetero reclamabo, volens [et concedens] me et heredes meos ad hec omnia sequenda fideliter in perpetuum et tenenda per quemlibet judicem ecclesiasticum et seculareve compelli.

In cujus rei memoriam presentes litteras dedi dictis abbati et conventui sigilli mei munimine roboratas.

Actum anno Domini millesimo ducentesimo quinquagesimo primo, mense februarii.

270. — 1252, du 1er au 7 avril[2], Caen. — ACTE PAR LEQUEL NICOLAS D'HABLOVILLE RECONNAIT LES DROITS DE L'ABBAYE DE SAINT-JULIEN SUR L'ÉGLISE D'HABLOVILLE. — (Copie, B. N., Latin, 5 443, p. 80. Imprimé, *Recueil des jugements de l'Échiquier de Normandie*, n° 792.)

Apud Cadomum, in scacario Paschæ M.CC.LII.

Omnibus . . . Nicholaus de Hablovilla, clericus Sagiensis diocesis salutem.

Notum facio quod, cum impeterem, in curia domini regis in sacario Cadomensi, viros religiosos J[ohannem], abbatem Beati Juliani Turonensis, et ejusdem loci conventum, super jure patronatus ecclesie de Hablovilla[3], Sagiensis dyocesis, quod jus ego dicebam ad me, jure hereditario pertinere, et me presentare debere personam ad ecclesiam supradictam, quod abbas negabat . . . exhibitis ex parte dicti abbatis multiplicibus litteris et instrumentis per que michi constitit evidenter jus patronatus dicte ecclesie ad dictum abbatem et

1. Le Plessis-Barbe, commune de Bueil.

2. Il s'agit sans doute de la session de l'Échiquier de Normandie tenue dans l'octave de Pâques 1252.

3. Habloville, canton de Putanges (Orne).

conventum pertinere, et multociens presentasse; ego, attendens nichil juris habere, dimisi imperpetuum et quictavi dictis abbati et conventui si quid juris habebam in patronatu ecclesie supradicte in kacario Cadomensi . . .

Actum in curia domini regis in kacario Cadomensi, coram magistris domini regis, videlicet: Johanne [1], episcopo Ebroicensi; . . . magistro Odone de Locrit; domino de Gaufrido de Capella, milite.

Testes: Guido [2], episcopus Baiocensis; Fulco [3], episcopus Luxoviensis; Johannes [4], episcopus Constanciensis; Guillelmus [5], episcopus Abriciensis; Gaufridus [6], episcopus Sagiensis; Ricardus [7], abbas Sancti Michaelis de Periculo Maris; magister Herbertus [8], decanus Baiocensis; Petrus de Locellis officialis Baiocensis; Stephanus de Porta, miles, ballivus Rothomagensis; Robertus de Pontesia, ballivus Baiocensis et Cadomensis; Lucas de Vilers, ballivus Constantiensis; Guillelmus Chambremer, decanus Sepulcri Cadomensis; Ricardus, vicecomes Baiocensis et multi alii.

Anno Domini M.CC.LII, mense aprili.

271. — 1252, mai. — Accord entre Pierre Savary, seigneur de Montbazon, au sujet des droits de justice sur diverses terres. — (Copie, B. N., Latin, 5.443, p. 115.)

Universis . . . ego Petrus Savarici, dominus Montis Basonis [9], salutem.

Noverint universi quod, cum contencio esset inter me, ex una parte, et abbatem et conventum Beati Juliani Turonensis, ex altera, super juridictione et justitia, quam dicebam me

1. Jean de la Cour d'Aubergenville, évêque d'Évreux, 1244-1256.
2. Guy, évêque de Bayeux, 1241-1260.
3. Foulques d'Astin, évêque de Lisieux, 1250-1267.
4. Jean d'Essey, évêque de Coutances, 1251-1274.
5. Guillaume de Sainte-Mère-Église, évêque d'Avranches, 1236-1252.
6. Geoffroy de Mayet, évêque de Séez, 1241-1258.
7. Richard Tustin, abbé du Mont-Saint-Michel, 1236-1264.
8. Herbert de Charmant, doyen de Bayeux.
9. Montbazon, chef-lieu de canton de l'arrondissement de Tours (Indre-et-Loire).

debere habere in villa et territorio de Ciconiaco[1] . . . et in territorio eorum de Ranavo . . . et super usagio, quod dicebant se habere in nemore de Brunsesneio[2], cum sex bestiis ad calfagium abbatie sue ; tandem . . . in hunc modum convenimus : quod tota jurisdictio, justitia, vigeria cum pertinenciis remanent dictis monachis in perpetuum, salva michi chevaucheia super homines quando dominus rex me submonebit . . . et salva grossa venatione . . .

Usagium ad calefaciendum dimisi eis in dicto nemore de Brunsesneio cum sex bestiis . . .

Dictis abbati et conventui dedi presentes litteras, sigilli mei munimine roboratas.

Actum anno Domini M.CC.LII, mense maio.

272. — 1253, 7 avril. — Lettres de Geoffroy de Loudun, évêque du Mans, enjoignant a l'archidiacre de Passais de mettre Robert de l'Aigle en possession de la cure de Couptrain qui vient de lui être conférée. — (Copie. B. N., Latin, 12.677, fol. 192.)

Gaufridus, Dei gratia Cenomannensis episcopus, venerabili et discreto archidiacono.

Cum vos, quemdam Robertum de Aquila, presbyterum, latorem presentium, presentaveritis nobis ad ecclesiam de Corputren[3], liberam et vacantem, nosque eum receperimus ad eandem, vobis mandamus quatenus ipsum Robertum inducatis seu induci faciatis in corporalem possessionem ecclesie supradicte.

Datum apud Uvrorius[4], die lune post *Isti sunt dies*, anno Domini millesimo CC° quinquagesimo secundo.

1. Cigogné, canton de Bléré (Indre-et-Loire).
2. Forêt de Brechenay.
3. Couptrain, chef-lieu de canton de l'arrondissement de Mayenne (Mayenne).
4. On peut également lire : *Vinorius, Vivorius, Umorius, Uvrorius*. Nous ne connaissons aucune localité dans le Maine à laquelle l'une ou l'autre de ces formes puisse s'appliquer. Peut-être est-on en présence d'une mauvaise lecture de *Vivonium*, Vivoin, ou de *Yvreium*, Yvré-l'Évêque ?

273. — 1253, n. s., 15 avril, Couptrain. — Lettres du doyen de Javron attestant qu'il a mis Robert de l'Aigle, prêtre, en possession de l'église de Couptrain a laquelle il avait été promu par l'évêque du Mans sur la présentation de l'abbé de Saint-Julien. — (Copie, B. N., Latin, 12.677, fol. 192.)

Universis presentes litteras inspecturis, decanus Gabronensis, Cenomannensis diocesis, salutem in Domino.

Noverint universi quod, die dominica qua cantatum fuit *Isti sunt dies*, presentibus nobis apud Maydranum[1], in decanatu nostro, recepit dominus archidiaconus de Passayo, Robertum de Aquila, presbiterum, ad ecclesiam de Corptren, tunc temporis liberam et vacantem, per presentacionem religiosi viri abbatis Sancti Juliani Turonensis, qui dominus archidiaconus, post dictam receptionem, dictum Robertum, cum litteris suis remisit ad reverendum dominum Cenomannensem episcopum, prout moris est in diocesi Cenomannensi, prestando *(sic)* nobis auctoritate ponendi dictum Robert[um, l]oco ipsius, in corporalem possessionem predicte ecclesie, qu[ando]-cumque nobis constaret de receptione facta a domino Cenomannensi, quorum tenor talis est :

[Ici le texte du n° 272.]

Nos vero, auctoritate premissa, eadem die Martis, predictum Robertum in corporalem possessionem induximus, et sigillo curie nostre presentes sigillamus litteras ad petitionem ipsius Roberti et in testimonium veritatis.

Datum apud Corpotrem, die Martis ante Resurrectionem Domini, anno supradicto [M. CC. LII.].

274. — 1253, v. s., avril. — Accord entre les moines de Saint-Julien et Jean, comte de Soissons et de Chartre et seigneur d'Amboise, a cause de Mathilde, dame et héritière d'Amboise, son épouse. — (Note, B. N,, *Dom Housseau,* t. XIII[1], n° 8.535.)

1. Madré, canton de Couptrain (Mayenne).

275. — 1255, février. — Charte par laquelle Mathieu de Nouzilly et Paquène, sa femme, reconnaissent tenir a cens une maison sise a Tours dans le fief de l'abbaye. — (Original parchemin, scellé sur simple queue de parchemin, Archives d'Indre-et-Loire, H 489.)

Universis presentes litteras inspecturis, officialis archidiaconi Turonensis, salutem in Domino.

Noverint universi quod, constituti in jure coram nobis, Matheus de Nozilleio et Pasquena, ejus uxor, confessi sunt se tenere et possidere ab abbate et conventu Beati Juliani Turonensis quamdam domum, sitam in feodo dictorum abbatis et conventus in chabena Turonensi, que fuit defuncti Guillelmi de Sancto Anthonio, ad annuum censum viginti quinque solidorum monete currentis, solvendorum, ab eisdem M[atheo] et Pasquena, ejus uxore, et eorum heredibus, dictis abbati et conventui in hiis terminis, videlicet : duodecim solidos et dimidium ad Nativitatem Beati Johannis Baptiste, et alios duodecim solidos et dimidium ad Nativitatem Domini annuatim, salvis quinque solidis censualibus, qui debentur Girardo Gastinelli super dicta domo, ab eisdem M[atheo] et ejus uxore et heredibus suis, dicto Girardo similiter persolvendis, ad habendum et possidendum ab ipsis M[atheo] et ejus uxore et eorum heredibus in perpetuum ad dictum censum ab ipsis abbate et conventu libere, pacifice et quiete. Prenominati vero M[atheus] et P[asquena] ejus uxor tenentur dictam domum tenere in bono statu, in adeo equivalenti quo modo est vel etiam meliori. Et de hiis omnibus inviolabiliter observandis et de predicto censu dictis abbati et conventu predictis terminis integre persolvend[o] prefacti M[atheus] et ejus uxor se et omnia bona sua et heredes suos obligaverunt fide prestita corporali.

Actum anno Domini M°CC°L^{mo} quarto, mense februarii.

276. — 1255, du 1er au 27 mars [1]. — Acte par lequel Barthélemy de l'Ile-Bouchard et Olivier de Rivarennes,

1. L'année 1254, ancien style, a été comptée du 12 avril 1254 au 28 mars 1255. Cette charte est donc du 1er au 27 avril 1255.

SON FRÈRE, CONFIRMENT ET VIDIMENT LA CONCESSION DE LA MÉTAIRIE DE LA SOURDERIE, FAITE AU PRIEURÉ DE BUEIL PAR BARTHÉLEMY DU PLESSIS. — (Original parchemin, jadis scellé de deux sceaux pendants, Archives d'Indre-et-Loire, H 481.)

Universis presentes litteras inspecturis, Bartholomeus, dominus Insule Bucardi [1], et Oliverius, dominus Rivaranne [2], frater ejus, milites, salutem in Domino.

Noveritis quod ego Oliverius litteras Bartholomei de Plessiaco, militis, quondam fidelis mei, audivi et intellexi continentes verba infra scripta :

[Ici le texte du n° 269.]

Donationem itaque et concessionem supradictas caritative volo et concedo esse in perpetuum ratas et firmas, stabiles et acceptas, utpote dominus feodi quem teneo in paragium de dicto Bartholomeo, fratre meo, easque auctoritate et juridictione mea confirmo, promittens quod contra non veniam per me vel per alium de cetero in futurum, et concedo me garantizaturum monachis predictis predictam medietariam cum pertinentiis contra omnes seu erga omnes secundum jus, sine aliqua compulsione quam possim facere ipsis vel priori de Buellio, qui pro tempore fuerit, [. . . supra]dictas a manu sua, ratione qualibet, amovendas, et sine aliqua exactione seu redibitione quam possim ab eo petere ratione rerum earumdem et etiam de ea que ratione rerum debetur.

Et super hoc obligo predictis abbati et conventui et priori predicto me et omnia bona mea ubicumque sint, necnon et heredes meos specialiter et expresse, fide a me super hoc etiam prestita corporali.

In cujus rei memoriam predictis abbati et conventui et priori predicto presentes litteras concedo sigilli mei munimine roboratas.

Ego vero Bartholomeus, ad petitionem fratris mei predicti, universa et singula predicta mihi legi faciens et intelligens,

1. L'Ile-Bouchard, chef-lieu de canton de l'arrondissement de Chinon (Indre-et-Loire).

2. Rivarennes, canton d'Azay-le-Rideau (Indre-et-Loire).

ea gratanter accepto et firma et stabilia habeo et ea confirmo, et, obligatione qua idem frater meus se et omnia bona sua et heredes suos monachis obligat, me eis obligo et omnia mea et heredes meos fide nichilominus a me corporaliter data, et sigillum meum una cum sigillo fratris mei presentibus appono in testimonium veritatis.

Datum anno Domini millesimo ducentesimo quinquagesimo quarto, mense martio.

277. — 1257, mai. — VENTE PAR TH[OMAS] LEFAVRE [1], A H., DOIEN DE BAIEUX, D'UNE PIÈCE DE TERRE,... SITUÉE A RONCHEVILLE, JOIGNANT D'UNE PART A RICHARD AUGUIN ET D'AUTRE A GUILLAUME CAISON. — (Archives du Calvados, registre A 151, fol. 8. — Autres analyses, Archives du Calvados, registre A 155, p. 13, et Archives d'Indre-et-Loire, registre H 515, p. 13.)

278. — 1257, mai. — CHARTE PAR LAQUELLE PIERRE MAURICE DE VILLENTROIS ABANDONNE POUR SA PART D'HÉRITAGE A EUDES, CLERC, SON FRÈRE, LA DIME QU'IL POSSÉDAIT A SAINT-GEORGES-SUR-CHER. — (Copie, B. N., Latin, 5443, p. 130.)

Universis. . . officialis Turonensis, salutem.

In nostra presentia constitutus, Petrus Mauricii de Villa Entras, domicellus, filius primogenitus defuncti Petri Mauricii, militis, et Erenburgis, uxoris dicti Petri, donat Odoni, fratri suo, clerico, pro portione sua hereditaria. . . decimam quam tenebat tanquam primogenitus. . . in parrochia Sancti Georgii de Chesa [2]. . .

Actum mense maii M.CC.LVII.

279. — 1258. — CESSION ET DONATION PAR JEAN DE CHERMON, NEVEU DU DOIEN DE BAIEUX, AUX ABBÉ ET RELIGIEUX DE SAINT-JULIEN, DE TOUT CE QUE LE DIT DOYEN AVAIT ACQUIS A RONCHEVILLE ET DANS LA PAROISSE DE BAVANT, SOIT EN TERRES,

1. Thomas Le Favre de Masville, dans les registres A 155 des Archives du Calvados et H 515 des Archives d'Indre-et-Loire.

2. Saint-Georges-sur-Cher, canton de Montrichard (Loir-et-Cher).

BOIS, POSSESSIONS, REDEVANCES, HOMMAGES ET DOMAINE QUELCONQUE[1]. — (Archives du Calvados, A 151, fol. 8.)

280. — 1258 (v. s.), mars[2]. — ACHAT PAR LES MOINES DE SAINT-JULIEN D'UN ARPENT DE VIGNE A CERELLES. — (Original parchemin, jadis scellé sur double queue, Archives d'Indre-et-Loire, H 473.)

Universis presentes litteras inspecturis, officialis curie Turonensis, salutem in Domino.

Noveritis quod constituti coram nobis Herveus Girardi et Petronilla, ejus uxor, vendiderunt abbati et conventui Beati Juliani Turonensis unum quarterium vinee, quod se habere dicebant in parrochia Cesolis[3], in feodo eorumdem abbatis et conventus juxta vineas ejusdem conventus, precio quadraginta quinque solidorum *turonensium sibi* solutorum, ut dicebant, ab ipsis abbate et conventu, habendum et pacifice perpetuo possidendum titulo emptionis. Et de predicta venditione tenenda et fideliter et firmiter observanda et de non veniendo contra eandem et de non reclamando al[iquid] (?) de cetero in dicto quarterio vinee, per se vel per alium, nomine dotis vel alio quocumque jure, et de garentizando eisdem abbati et conventui vel eorum mandato predictam vineam vendi[tam] (?) per annum et diem, secundum usum et consuetudinem patrie, et semper per jus contra omnes, fide data in manu nostra, se affinxerunt (?), bona fide, mobilia et immobilia, presentia et futura, ac heredes suos specialiter obligando eisdem, renunciantes nichilominus exceptioni non numerate pecunie et non tradite, et omni beneficio et auxilio juris tam canonici quam civilis.

1. C'est vraisemblablement la même charte qui, à la page 13 des registres A 155 des Archives du Calvados et H 515 des Archives d'Indre-et-Loire, est analysée : « Donation faite aux abbé et religieux de Saint-Julien de Tours, par Herbert Guondi, doyen de Bayeux, de plusieurs acquisitions par luy faitte à Roncheville, datté de l'an 1258. »

2. L'année 1258, vieux style, a été comptée du 24 mars 1258 au 13 avril 1259. Cette charte et les suivantes sont donc ou du 24 au 31 mars 1258, ou de mars 1259.

3. Cerelles, canton de Neuillé-Pont-Pierre (Indre-et-Loire).

Datum anno Domini M° CC° L° septimo, mense marcio[1].
Sous le repli : G. Peñ.

281. — 1285 (v. s.), mars. — DONATION FAITE A L'ABBAYE DE SAINT-JULIEN PAR PHILIPPE DE EVRE ET BLANCHEFOR, SON ÉPOUSE, DU CONSENTEMENT DE PHILIPPE, LEUR FILS AINÉ, DES DIMES QU'ILS POSSÉDAIENT A SAINT-GEORGES-SUR-CHER. — (Copie, B. N., Latin 5.443, p. 54.)

Universis. . . officialis curie Turonensis, salutem.

In nostra presentia, Philippus de Evre, miles, et dicta Blanchefor, uxor ejus, assensu Philippi, primogeniti eorum, . . . dederunt ecclesie Beati Juliani Turonensis. . . omnes decimas, quas percipere poterant in feodo dictorum abbatis et conventus de Chesia[2], et in aliis feodis in parrochia Sancti Georgii de Chesia.

. . . M.CC.LVII, mense marcio.

282. — 1258 (v. s.), mars. — ACCORD PAR LEQUEL JEAN DE BERRIE, SEIGNEUR D'AMBOISE ET DE MONTRICHARD, DU CONSENTEMENT DE JEAN DE BERRIE, SON FILS AINÉ, RENONCE AU DROIT DE SEGRAIRIE QU'IL PRÉTENDAIT SUR LES BOIS DES MOINES DE SAINT-JULIEN, SITUÉS DANS LES CHATELLENIES D'AMBOISE ET DE MONTRICHARD. — (Copie, B. N., Latin 12677, f° 199.)

Cum contentio aliqua verteretur inter Johannem de Berria, Ambaziæ[3] et Montis Richardi[4] dominum, et monachos Sancti Juliani Turonensis, super nemoribus quæ dicti abbas et conventus habent in castellania Ambaziæ et Montis Richardi, in feodis et dominicis, in quibus nemoribus petebat habere segreagium a dictis monachis, in feodis et dominicis, quæ omnia dicti monachi ei penitus denegabant; tandem, de bonorum virorum consilio, in hunc modum conventum est : supra-

1. Au dos, en écriture de même époque, *Empcio unius quarterii vinee apud Cerelles.*

2. La Chaise, commune de Saint-Georges-sur-Cher (Loir-et-Cher).

3. Amboise, chef-lieu de canton de l'arrondissement de Tours (Indre-et-Loire).

4. Montrichard, chef-lieu de canton de l'arrondissement de Blois (Loir-et-Cher).

dictus dominus, cum assensu Johannis de Berria, filii sui primogeniti, quittat in perpetuum et dimittit prædictis monachis prædictum segreagium, taliter quod in dictis nemoribus, tam feodis quam dominicis, in dictis castellaniis sitis, et dicti monachi ei dant ducentas et viginti libras turonensium. . .

Datum anno M. CC. LVIII, mense marcio.

283. — 1258 (v. s.), mars. — Charte par laquelle Jean de Berrie, seigneur d'Amboise et de Montrichard, autorise les moines de Saint-Julien à posséder le lieu de la Folie-Anseaume, situé à Bléré, au fief de Robert Marques, son vassal, et la vigne de la Monetère, située en son fief à Saint-Cyr sur-Loire. — (Original parchemin, jadis scellé d'un sceau sur double queue, Archives d'Indre-et-Loire, H 480.)

Universis presentes litteras inspecturis, Johannes de Berria, miles, dominus Ambazie et Montis Richardi, salutem in Domino.

Noverint universi quod ego, ad augmentum ecclesie Beati Juliani Turonensis intendens, volo et concedo quod abbas et conventus ejusdem ecclesie ac eorum successores habeant, teneant seu possideant de cetero in perpetuum, libere, pacifice et quiete, quoddam tenementum situm apud Blereium [1], in feodo Roberti Marques, militis, quod feodum a me et ab antecessoribus meis tenet dictus miles, quod tenementum vocatur la Folie Anseaume [2], cum domo, rocha et vineis ibidem existentibus, et quamdam peciam vinee, que vocatur la Monetere, sitam in feodo meo, in parrochia Sancti Cyrici [3] prope Turonis, quas res dicti religiosi diu est habuerunt et tenuerunt, et adhuc tenent et possident in presenti, ex donatione et venditione, ut dicitur, sibi factis sine aliqua oppositione et absque aliqua coactione ; quam ego, nec successores mei, possimus de cetero eisdem religiosis inferre de vendendo, distrahendo seu extra manum suam ponendo in futurum res predictas, sol-

1. Bléré, chef-lieu de canton de l'arrondissement de Tours (Indre-et-Loire).

2. La Folie, commune de Bléré (Indre-et-Loire).

3. Saint-Cyr-sur-Loire, canton de Tours (Indre-et-Loire).

vendo tamen de dicta vinea de la Monetere michi et meis successoribus censum consuetum.

Et ut hoc firmum et stabile permaneat in futurum dictis religiosis dedi presentes litteras sigillo meo sigillatas.

Datum anno Domini M° CC° quinquagesimo octavo, mense martii.

284. — 1258, mai. — Vente par Robert et Guillaume Augier aux abbé et religieux de Saint-Julien d'un septier de froment de rente assignée sur une pièce de terre située au terroir de Roncheville [1], au fief que les dits Augier tiennent des dits abbé et religieux et sur toute la terre des dits Augier. — (Archives du Calvados, registre A 151, fol. 8. — Autre analyse, Archives du Calvados, registre A 155, p. 13, et Archives d'Indre-et-Loire, H 515, p. 13.)

285. — 1259, mai. — Cession et abandon par les abbé et religieux de Saint-Julien à l'évêque de Baieux du lieu de Roncheville et ses dépendances, pour en jouir par le dit seigneur évêque sa vie durant et en paier 100 sols par année. Les hommages dus aux dits abbé et religieux par leurs sujets leur seront réservés. Veut le dit sieur évêque que le domaine qu'il acquérera au dedans du dit fief demeure après sa mort aux dits abbé et religieux [2]. — (Archives du Calvados, registre A 151, f° 9.)

286. — 1259, mai. — Ratification par le chapitre de Baieux de la cession susditte et promesse que le dit domaine de Roncheville, avec ses améliorations et acquisitions, retournerait aux dits abbé et religieux. — (Archives du Calvados, registre A 151, f° 8.)

287. — 1259, mai. — Sentence arbitrale rendue par l'official de Bayeux dans un procès entre l'abbé de Saint-

1. Roncheville, commune de Bavent (Calvados).

2. Cette même charte est analysée à la page 13 des registres A 155 des Archives du Calvados et H 515 des Archives d'Indre-et-Loire : « Autre titre par lequel apert que *Guidico facta episcopo Baiocensis de manere Roncevilla vitti ipsius comite duntaxat*, datté de l'an 1259. »

JULIEN DE TOURS ET JEAN LE BOUCHER, CURÉ DE BAVENT, AU SUJET DES DIMES DE BAVENT. — (Copie dans un vidimus de Guy, évêque de Bayeux, du 9 mai 1259. Archives du Calvados, registre A 151, f°s 29-32.)

Universis Christi fidelibus presentes litteras inspecturis, officialis Baiocensis, salutem in Domino Salvatore.

Noveritis quod, cum contentio mota esset inter magistrum Joannem dictum Le Boucher, rectorem ecclesiæ de Bavanto[1], Baiocensis diocesis, ex una parte, et religiosos viros abbatem et conventum Sancti Juliani Turonensis, ex altera parte, super jure parrochiali et decima manerii ac totius feodi de Roncevilla[2], eisdem abbati et religiosis pertinentibus, sitis in dicta parrochia de Bavento, cujus quidem feodi dictus rector, ratione ecclesiæ suæ parrochialis de Bavento, decimas omnes ad se de jure communi pertinere dicebat, abbas vero et conventus, in contrarium asserentes, dicebant et affirmabant prædicta omnia, decimas quoque manerii ac totius dicti feodi, ad se pertinere, et quod erant et fuerant in earum certissima ac pacifica possessione a tempore etiam cujus non extat memoria, et eas bona fide et justo titulo possiderant et nunc possident.

Tandem, post multas altercationes a partibus utrisque propositas super hiisdem contentionibus, in nos sub pœna centum librarum turonensium extitit compromissum, ita quod, quidquid pace vel judicio super præmissis duceremus ordinandum, dictæ partes sub pœna prædicta fideliter observabunt.

Nos vero, auditis hinc inde partium propositis, pensata utriusque ecclesiæ utilitate, de bonorum virorum consilio, ita duximus ordinandum :

Quod prædicti manerii et feodi decimæ omnes, ab omni jure parrochiali libere et quiete, abbati et religiosis Sancti Juliani Turonensis in integro in posterum remanebunt ; rectori vero ecclesiæ de Bavento et successoribus suis summam decem librarum turonensium, pro jure decimarum, sibi per dictos

1. Bavent, canton de Troarn (Calvados).
2. Roncheville, commune de Bavent.

abbatem et monachos Sancti Juliani in futurum ad festum Sancti Michaelis solvendarum, sicuti quondam felicis recordationis Hugo, Baiocensis ecclesiæ decanus, statuit et sansivit, ita nunc sansimus, statuimus et ordinamus.

In defectu autem solutionis supradictæ summæ, ipso rectori de Bavento tertiam partem decimarum, tam bladorum, fructuum, quam aliarum minutarum decimarum, nostro arbitr[ali] judicio adjudicamus.

Insuper predicti abbas et conventus dederunt et solverunt dicto rectori triginta quinque libras turonens[ium] in recompensatione prædictarum, in utilitatem ecclesiæ conjungendas.

In cujus rei testimonium præsentes litteras fecimus fieri et sigillo curiæ Baiocensis sigillari.

Dicti vero abbas et rector hanc ordinationem ratam et gratam habentes sigilla sua presentibus apposuerunt in testimonium etiam prædictorum.

Actum anno Domini millesimo ducentesimo quinquagesimo nono, mense maio.

288. — 1259, mai. — Charte d'Henri, seigneur de Bavent, par laquelle il donne son consentement au jugement de l'official de Bayeux dans le procès entre l'abbaye de Saint-Julien et le curé de Bavent. — (Copie, Archives du Calvados, registre A 151, f°s 27-29. — Copie abrégée, Bibliothèque municipale de Tours, manuscrit 1278.)

Universis presentes litteras inspecturis, Henricus, dominus de Bavento, salutem in Domino.

Noveritis quod, cum inter religiosos viros abbatem et conventum Beati Juliani Turonensis, ex una parte, et magistrum Joannem dictum Le Bochier, rectorem ecclesie de Bavento, contentio moveretur super jure parrochiali et decimis manerii dictorum religiosorum de Ronceville, siti in parrochia dictæ ecclesiæ de Bavento, necnon super duabus partibus minutarum decimarum et super duabus partibus bladorum totius feodi ad dictum manerium pertinentium, de quibus dicti religiosi erant in possessione, quæ omnia dictus rector dicebat ad se pertinere jure communi ratione dictæ ecclesiæ, dictis religiosis in contrarium asserentibus et dicentibus omnia predicta ad se pertinere, et quod erant et fuerant in possessione pacifica a tempore cujus non extat memoria omnium prædictorum, tandem super præmissis contentionibus fuit a dictis partibus compromissum in venerabilem virum officialem Baiocensem et super hiis ab eodem officiali ordinatum prout in litteris ipsius officialis videtur contineri.

Ego vero dictus Henricus, patronus dictæ ecclesiæ de Bavento, dictam ordinationem a dicto officiali super præmissis factam, prout in dictis litteris ipsius officialis inscritur, ratam habeo atque firmam, et eamdem, tanquam patronus, confirmo, salvo jure méo.

In cujus rei testimonium presentibus litteris sigillum meum apposui ad petitionem partium predictarum.

Actum anno Domini millesimo ducentesimo quinquagesimo nono, mense maio.

289. — 1259, 5 mai. — CHARTE DE GUY, ÉVÊQUE DE BAYEUX, QUI RATIFIE LA SENTENCE RENDUE PAR L'OFFICIAL DE BAYEUX DANS LE PROCÈS ENTRE L'ABBAYE DE SAINT-JULIEN DE TOURS ET LE CURÉ DE BAVENT. — (Copie, Archives du Calvados, registre A 151, f°s 29-32.)

Universis Christi fidelibus præsentes litteras inspecturis, Guido [1], miseratione divina, Baiocensis ecclesiæ minister humilis, salutem in Domino sempiternam.

Noveritis nos vidisse et diligenter inspexisse litteras officialis nostri, sigillo [curie] Baiocensis, una cum sigillo religiosi viri abbatis Beati Juliani Turonensis et magistri Joannis dicti Le Boucher, archidiaconi ecclesiæ Baiocensis ac rectoris parrochialis ecclesiæ de Bavento, sigillatas non obliteratas nec cancellatas in hæc verba :

[Ici le texte du n° 287.]

Nos vero dictam ordinationem prout superius est expressum ratam et firmam habentes, ne super præmissis in posterum possit controversia suboriri, eadem autoritate qua pos-

1. Guy, évêque de Bayeux, 1241-1260.

sumus, confirmamus. Quod ut firmum et stabile permaneat in futurum præsentibus litteris sigillum nostrum duximus apponendum.

Actum et sigillatum, de consensu et ad petitionem dictarum partium, die lunæ in vigilia beati Joannis apostoli ante Portam Latinam, anno M.CC.LIX..

290. — 1259, décembre. — ACHAT PAR LES MOINES DE SAINT-JULIEN DE DEUX SOUS DE CENS SUR LE LIEU DE LA GUÉPIÈRE, A VALLIÈRES. — (Original parchemin scellé sur simple queue, dont il subsiste un fragment du sceau en cire brune, Archives d'Indre-et-Loire, H 504.)

Universis presentes litteras inspecturis, officialis curie Turonensis, salutem in Domino.

Noveritis quod, constituti in jure coram nobis, Osanna dicta la Merceriere, Gaufridus et Benedicta, filii ejusdem Osanne, confessi sunt se vendidisse et vendiderunt coram nobis religiosis viris abbati et conventui Beati Juliani Turonensis duos solidos annui census, precio viginti solidorum turonensium eisdem a dictis religiosis in pecunia numerata persoluto, habendos et percipiendos, a dictis religiosis seu a mandato ipsorum, super quodam quarterio vinee, quam ipsi Osanna et filii habent et tenent in feodo dictorum religiosorum apud Valerias [1], in loco qui vocatur la Guepiere, una cum uno denario principalis census in festo Beati Mauricii annuatim. Ad quos dictos duos solidos cum dicto denario reddend[os] dictis religiosis, seu mandato suo, in dicto termino annuatim, dicti Osanna et filii obligaverunt coram nobis dictis religiosis speciale dictum quarterium vinee [2]...

Datum anno Domini M° CC° L^{mo} nono, mense decembris.

291. — 1259, décembre. — CHARTE DE JEAN, ABBÉ DE SAINT-JULIEN, RELATANT UN ACCORD AUTREFOIS ÉTABLI ENTRE LUI ET PIERRE SAVARY, SEIGNEUR DE MONTBAZON. — (Original

1. Vallières, ancienne paroisse, commune de Fondettes (Indre-et-Loire).
2. Nous jugeons inutile d'imprimer les longues formules juridiques des actes de la fin du XIIIe siècle.

parchemin, dont il ne reste plus que deux bandes, Archives d'Indre-et-Loire, H 461. — Copie faite sur l'original scellé en cire brune sur lacs de parchemin, B. N., Latin 5.443, p. 119, avec dessins du sceau et du contre-sceau. — Copie d'après la copie précédente, avec les dessins, Bibl. mun. de Tours, manuscrit 1278[1].)

Universis presentes litteras inspecturis, frater Johannes, humilis abbas Beati Juliani Turonensis, totusque ejusdem loci conventus, salutem in Domino.

Noveritis quod, cum contencio verteretur inter nos, ex una parte, et defunctum Petrum Savarici, quondam dominum Montisbasonis[2], super bosco de Campo de Jars[3], quem petebamus, et dicebamus ad nos pertinere, dicto domino in contrarium asserente, et super hec inter nos et dictum dominum pacificatum fuerit et compositum in hunc modum, scilicet quod dictus dominus, in escambium dicti bosci de Campo de Jars, nobis tradidit et concessit quinque arpenta bosci qui vocatur Jeulou[4], sita inter Morterium Guidoet et haias domus nostre [de *Luciguecio*[5], *cum assensu prioris de Gressio*[6] . . . qui medietatem habebat in dicto bosco de Jeulou . . .

. . . testimo]nium dedimus presentes litteras dictis canonicis sigillis nostris sigillatas.

Datum anno Domini M° CC° quinqua[gesimo nono, mense decembri.]

292. — 1260. — Titre latin, devant l'official de Tours, au sujet des droits que le seigneur de Maillé[7] prétendait sur la terre de Vallières[8]. — (*Inventaire des titres de la seigneurie de Vallières*, Archives d'Indre-et-Loire, H 517, p. 11.)

1. Les passages entre crochets sont empruntés à la copie.
2. Montbazon, chef-lieu de canton de l'arrondissement de Tours (Indre-et-Loire).
3. Champ-de-Jars, commune d'Azay-sur-Cher (Indre-et-Loire).
4. Jeulou, commune d'Azay-sur-Cher (Indre-et-Loire).
5. Leugny, commune d'Azay-sur-Cher (Indre-et-Loire).
6. Le Grais, prieuré de l'ordre de Saint-Augustin, commune d'Azay-sur-Cher.
7. Maillé, aujourd'hui Luynes, canton de Tours (Indre-Loire).
8. Vallières, ancienne paroisse, commune de Fondettes (Indre-et-Loire).

293. — 1260. — Accord entre l'abbé et les religieux de Saint-Julien de Tours et Jean de Berrie, seigneur d'Amboise [1], au sujet d'une fourche patibulaire *(scala)* que les religieux avaient fait élever en la ville de Bléré [2] et que le seigneur d'Amboise voulait leur faire abattre, et de trois autres fourches patibulaires construites par le dit seigneur d'Amboise, l'une dans la ville de Bléré, la seconde au lieu de la Chaise [3] et la troisième a Bono [4], que les dits religieux voulaient pareillement lui faire abattre. Les parties décident de confier la solution du différend au jugement de Jean de Duzage, chanoine et chantre de l'église de Tours, et d'Égide [5], sous-doyen de l'église Saint-Martin. — (*Inventaire des titres du fief de Bléré*, Archives d'Indre-et-Loire, H 513, f° 75.)

294. — 1260, 2 octobre. — Titre par lequel les religieux, abbé et couvent de Saint-Julien transigent avec Guillaume Mellequin et Innocent, son fils, au sujet de trente toises de vigne dans le fief de l'aumonier de Saint-Julien, en la paroisse de Saint-Hilaire [6] de Tours, pour lesquelles l'aumonier aura XII deniers de cens au terme Saint-Jean a perpétuité. — (*Inventaire des domaines, rentes, fiefs et seigneuries dépendant de l'Aumônerie de Saint-Julien*, Archives d'Indre-et-Loire, H 507, p. 85.)

295. — 1261, 29 janvier. — Accord passé devant l'official de Tours, le samedi avant la Purification 1260, entre les abbé et religieux de Saint-Julien et Guillaume de Bagnore, qui cède aux dits religieux deux deniers de cens qu'il avait droit de prendre sur les moulins de Fontenay [7].

1. Amboise, chef-lieu de canton de l'arrondissement de Tours (Indre-et-Loire).
2. Bléré, chef-lieu de canton de l'arrondissement de Tours (Indre-et-Loire).
3. La Chaise, commune de Saint-Georges-sur-Cher (Loir-et-Cher).
4. Bono, commune d'Athée (Indre-et-Loire).
5. *Sic*, dans l'analyse, pour *Gilles*.
6. Saint-Hilaire, ancien prieuré-cure en la ville de Tours.
7. Fontenay, commune de Bléré (Indre-et-Loire).

— (*Inventaires des titres du fief de Bléré*, Archives d'Indre-et-Loire, H 513, p. 21.)

296. — 1261, mars. — VENTE PAR LES EXÉCUTEURS TESTAMENTAIRES DE FEU GARIN, PRÊTRE DE SAINT-CYR-SUR-LOIRE ET CHANOINE DE SAINT-VENANT, A ROBERT COURTEMANCHE, DE PRÉS AYANT APPARTENU AU DÉFUNT. — (Original parchemin, jadis scellé sur double queue, Archives d'Indre-et-Loire, H 505.)

Universis presentes litteras inspecturis et audituris, officialis curie Turonensis, salutem in Domino.

Noverint universi quod, in nostra presencia constituti, Hubertus, rector ecclesie de Evria [1], et Guillelmus, rector ecclesie Sancti Ursi de Loch[is] [2], exequutores testamenti defuncti Garini, quondam presbyteri Sancti Cirici super Lig[erim] [3] et canonici quondam Sancti Venancii Turonensis [4], vendiderunt magistro Roberto [Co]rtemanche, clerico, precio trigenta librarum monete currentis, sibi plenius persoluto in pecunia numerata, et ab eis recepto ad exequutionem testamenti dicti defuncti faciendam, omnia prata que dictus defunctus habebat et possidebat et habuit ac possedit in Alberia [5] apud Grois [6], ad habenda et possidenda perpetuis temporibus a predicto magistro Roberto et ejus heredibus seu mandato suo libere et quiete titulo emptionis . . .

Datum mense marcio anno Domini M° CC° sexagesimo. St[ephanus] de Calē.

297. — 1261, 22 septembre, Viterbe. — BULLE PAR LAQUELLE LE PAPE URBAIN IV CHARGE L'ABBÉ DE SAINT-JULIEN DE TOURS DE RÉPRIMER LES VIOLENCES FAITES A L'ABBAYE DE LA TRINITÉ DE VENDOME. — (Imprimé, *Cartulaire de la Trinité*, n° MDCCCVIII.)

1. Esvres, canton de Montbazon (Indre-et-Loire).
2. Saint-Ours, paroisse de la ville de Loches.
3. Saint-Cyr-sur-Loire, canton de Tours-nord (Indre-et-Loire).
4. Saint-Venant, ancienne collégiale en la ville de Tours.
5. *Alberia*, voyez le *Dictionnaire d'Indre-et-Loire* de Carré de Busserolle, t. I, p. 11, v° *Alberiacum nemus*.
6. Peut-être Greux *alias* Groys, commune de Montlouis (Indre-et-Loire).

298. — 1263. — Titre concernant les droits de justice et de péage de Vallières, entre *Gaufridus*, abbé de Saint-Julien, et Hardouin, seigneur de Maillé [1]. — (*Inventaire des titres de la seigneurie de Vallières*, Archives d'Indre-et-Loire, H 517, p. 11.)

299. — 1263, juillet. — L'official de Tours ne pouvant vacquer a la cause mue devant lui entre l'abbaye de Saint-Julien, d'une part, et messire Hardouin, sire de Maillé, chevalier, et ses officiers, d'autre part, a cause des affaires qui l'occupoient ailleurs, donna commission pour la poursuivre. — (B. N., *Français* 31.937, f° 27.)

300. — 1263, 17 septembre, Vernon. — L'official de Tours fit informer, par mandemenf donné a Vernon [2], au diocèze de Rennes, le lundi avant la Saint-Maurice 1263, contre les gens d'Hardouin, sire de Maillé, qui avoient jetté le curé de Vallières [3] et deux religieux de l'abbaye de Saint-Julien a bas de leurs chevaux et les avoient cruellement battu et avoient emmenés leurs chevaux, quoiqu'ils fussent chargés de l'exécution de certaine ordonnance de la cour du dit official. — (B. N., *Français* 31.937, f° 27.)

301. — 1263, septembre. — Retrait féodal, fait par l'abbaye de Saint-Julien, de vignes situées a la Guépière, paroisse de Vallières. — (Original parchemin, scellé sur double queue, Archives d'Indre-et-Loire, H 504.)

Universis presentes litteras inspecturis et audituris, officialis curie Turonensis, salutem in Domino.

Noverint universi quod, cum Guillelmus Brito de Foperia Turonensis vendidisset Matheo Pence et Johanne, ejus uxori, dimidium arpentum et dimidium quarterium vinearum, sit[arum] in parrochia de Valeriis, ut dicitur, in feodo Beati Juliani Turonensis, apud la Guespiere, precio duodecim librarum

1. Maillé, *modo* Luynes, canton de Tours-nord (Indre-et-Loire).
2. Peut-être Vern, canton de Rennes (Ille-et-Vilaine).
3. Vallières, ancienne paroisse, commune de Fondettes (Indre-et-Loire).

monete currentis, sibi a dicto Matheo plenius persoluto, ut dicitur, in pecunia numerata; in nostra presentia constitutus dictus Matheus Penee confessus est in jure quod abbas et conventus Beati Juliani Turonensis, tanquam feodales domini, predictam vineam retraxerunt, et eidem Matheo plenius satisfecerunt super dicto precio, et super aliis sumptibus et misiis quos idem Matheus fecerat ratione seu occasione emptionis predicte, et se tenet exinde dictus Matheus plenarie pro pagato, quittans penitus et dimittens predictis abbati et conventui predictam vineam et quicquid juris habebat in eadem...

Datum mense septembris, anno Domini M° CC° sexagesimo tercio. St. de Calē.

302. — 1265, 7 août. — Acte par lequel Thibauld de Mathefelon et Alix, sa femme, fille de Guillaume de Brenne, donnent quittance aux moines de Saint-Julien de la somme de dix livres et s'engagent a les garantir contre les réclamations que pourraient leur adresser au sujet de cette somme Hugues de la Brosse et Aanordis, son épouse. — (Original parchemin, jadis scellé sur simple queue, Archives d'Indre-et-Loire, H 504.)

Mem[orandum]. — In mea presentia constitutus Theobaldus de Matefelon, valetus, recognovit se recepisse et habuisse in peccunia numerata decem libras turonensium, a religiosis viris abbate et conventu Sancti Juliani Turonensis, quas decem libras dicti religiosi eidem tenebantur reddere in festo Beati Johannis Baptiste ultimo preterito, racione Aalicie, uxoris sue, filie et heredis defuncti Guillermi de Brenna, quondam militis, ut dicebat, promittens et concedens se predictos abbatem et conventum servaturos indempnes super predictis decem libris erga Hugonem de Brocia, militem, Aanordim, ejus uxorem, et eciam erga omnes, supponens se juridictioni nostre, quoad hoc, se et heredes suos et omnia bona sua mobilia et immobilia ubicumque existencia obligando, fide prestita corporali.

Datum die veneris post festum Beati Petri ad Vincula, anno Domini M.CC.LX^{mo} quinto.

303. — 1266, juillet. — COMPROMIS PAR LEQUEL LE CHAPITRE DE SAINT-MARTIN ET LES MOINES DE SAINT-JULIEN DÉSIGNENT DES ARBITRES QU'ILS CHARGENT DE STATUER SUR LE LITIGE QU'ILS ONT ENSEMBLE AU SUJET DES DIMES DE SAINT-MARS. — (Original parchemin, jadis scellé sur double queue, Archives d'Indre-et-Loire, H 498.)

Universis presentes litteras inspecturis, decanus et capitulum ecclesie Beati Martini Turonensis, salutem in Domino.

Noverint universi quod, cum contencio vertebatur inter nos, ex una parte, et religiosos viros abbatem et conventum Beati Juliani Turonensis, ex altera, super hoc videlicet quod dicti religiosi, seu prior eorum Sancti Medardi de Pyla[1], nomine eorumdem, essent in possessione, vel quasi, percipiendi et habendi ab antiquo, ut dicebant, medietatem decimarum fructuum in territorio nostro de Pyla crescencium, nos opponebamus, minus juste, ut dicebant, quominus dicti religiosi, seu prior eorum predictus, nomine eorumdem, perciperent et haberent medietatem decimarum fructuum predictarum terrarum in predicto territorio nostro sitarum, de novo ad culturam redactarum.

Item, cum dicti religiosi, seu prior eorum predictus, nomine eorumdem, essent in possessione, vel quasi, percipiendi et habendi ab antiquo medietatem decimarum fructuum in dicto territorio nostro crescentium, ut dictum est, et de dicta medietate decimarum fructuum et de stramine seu palea dicte medietatis faciendi suam voluntatem, ut dicebant, nos compellebamus, minus juste, ut dicebant, eundem priorem ad trahendam seu congregandam porcionem suam dicte decime in dicto territorio nostro, pro libito nostre voluntatis, et opponebamus nos, minus juste, ut dicebant, quominus idem prior, nomine eorumdem religiosorum, posset habere et percipere medietatem dicti straminis seu palee antedicte.

Item, cum dicti religiosi, seu prior suus predictus, nomine eorumdem, essent in possessione, vel quasi, percipiendi et

1. Saint-Mars, *modo* Cinq-Mars-la-Pile, canton de Langeais (Indre-et-Loire).

habendi medietatem decimarum fructuum in dicto territorio, ut dictum est, crescencium seu proveniencium, et quedam terre redacte fuerint de novo in vineas in territorio nostro predicto, in quibus antea medietatem decimarum fructuum, ut dictum est, percipiebant, ut dicebant, nos opponebamus nos, minus juste, ut dicebant, quominus idem prior, nomine dictorum religiosorum, perciperet et haberet medietatem decimarum vini in dictis vineis crescentis seu provenientis.

Item, cum ipsi, seu prior eorum predictus, nomine eorumdem, essent in possessione, vel quasi, percipiendi et habendi medietatem decimarum fructuum dicti territorii nostri, ut dictum est, et nos de dicta medietate decime fructuum ipsos, seu priorem suum, nomine eorumdem, contingentem ceperamus et detinueramus, minus juste, ut dicebant, per sex annos ultimo preteritos, quolibet anno dimidium modium vini et tres minas bladi, scilicet siliginis et ordei.

Item, cum ipsi, seu prior suus predictus, nomine eorumdem, essent in possessione, vel quasi, percipiendi et habendi medietatem decimarum fructuum, ut dictum est, in dicto territorio nostro crescencium seu proveniencium, et nos in dicto territorio nostro vineas de novo acquisiveramus, de quibus vineis ipsi religiosi, seu prior suus predictus, nomine eorum, erant in possessione, vel quasi, percipiendi et habendi medietatem decime vini in dictis vineis crescentis, antequam nos predictas vineas acquivissemus, nos super dicta medietate decime vini in dictis vineis crescentis, a nobis sic acquisitis, dictos religiosos, seu priorem suum, de dicta medietate decime vini spoliaveramus contra justiciam, ut dicebant ; nobis premissis negantibus ex adverso :

Tandem nos et dicti religiosi super premissis compromisimus in venerabiles viros magistrum Petrum, subdecanum, et magistrum Petrum, dictum Monachum, canonicos nostros, sub pena centum librarum turonensium a parte resiliente a dicto arbitrio, parti observanti dictum arbitrium persolvenda.

Et volumus et concedimus, sub pena predicta, quod dicti arbitri super omnibus predictis contencionibus, veritate per ipsos diligencius inquisita, bona fide utrique parti jus suum deliberent, restituant et reddant, prout melius et justius viderint expedire.

Nos vero ordinacionem ab ipsis factam seu faciendam super premissis promittimus, sub dicta pena, ratam habere in perpetuum atque firmam. Et super hoc presentibus litteris sigillum nostrum duximus apponendum in testimonium et munimen.

Et debet infra festum Beati Michaelis proximo venturum predictum arbitrium seu ordinacio terminari.

Actum mense julio, anno Domini millesimo ducentesimo sexagesimo sexto.

304. — 1266, décembre. — Cession et donation en pure aumone par Simon de Ponte Audomari, bourgeois de Caen, aux abbé et religieux de Saint-Julien de quatre boisseaux d'orge qu'il avoit droit de prendre sur le manoir de Roncheville[1], plus de quatre deniers sur une pièce de pré des dits religieux. — (Archives du Calvados, registre A 151, f° 9. — Autres analyses, Archives du Calvados, registre A 155, p. 13, et Archives d'Indre-et-Loire, registre H 515, p. 14.)

305. — 1268, 10 mai. — Accord établi entre les moines de Saint-Julien et le curé d'Athée. — (Analyse dans l'*Inventaire des titres du fief de Bléré,* Archives d'Indre-et-Loire, H 513, fol. 62.)

Accord entre les abbé et religieux de Saint-Julien et le sieur curé d'Athée[2], qui prétendait le droit de dixme novalle sur certaines terres. Les abbé et religieux soutenaient au contraire que les dîmes novalles leur avaient été accordées par Jean, archevêque de Tours, dans toutes les paroisses, où ils percevaient les anciennes dîmes, laquelle concession avait été approuvée par bulle du pape Grégoire IX.

Cependant pour nourrir et entretenir la paix entre eux ils sont

1. Roncheville, commune de Bavent (Calvados).
2. Athée, canton de Bléré (Indre-et-Loire).

convenus que les dits abbé et religieux jouiront de toutes les dîmes novalles présentes et futures, *tam in terris ad culturam redactis quam in terris ad culturam redigendis*, au moyen de quoi ils paieront au curé un muid de blé froment, demi muid de seigle et demi muid d'orge, rendable au prieuré de Baune[1] *(de Baunio)*, au jour de Saint-Michel, mesure du dit lieu. Et en outre abandonnent au dit curé la moitié de la dîme qu'ils percevaient : sur un arpent et demi de vigne situé *juxta Oscham Sancti Romani*, jouxte l'Ouche Saint-Romain ; plus sur deux arpents de terre appelés l'Ouche Saint-Romain ; plus sur un arpent au lieu du Treillay ; plus sur un arpent sur la roche de l'église ; plus sur un arpent appellé la Fosse ; plus sur un quartier situé aux Vigneaux[2] ; plus sur un quartier joignant la vigne de Baze ; plus sur un quartier joignant la maison Guillaume Le Cope ; plus sur un quartier joignant la maison de Vincent Jugley près de la rivière, et sur un quartier près la maison de Geoffroy Ernaud.

Le dit accord passé par devant l'archevêque de Tours le jeudi après *Cantate* M.CC.LX.VIII.

306. — 1269, 8 juillet. — VIDIMUS DONNÉ PAR GUY, DOYEN, SIMON, TRÉSORIER, ET LE CHAPITRE DE SAINT-MARTIN DE TOURS, DES LETTRES DE COLLATION DE LA CURE DE MEUVAINES A RICHARD ET A RAOUL BIGOT, PAR HENRI ET ROBERT, ÉVÊQUES DE BAYEUX. — (Copie, Archives du Calvados, registre A 151, f°s 393-394.)

Universis presentes litteras inspecturis, Guido, decanus, Simon, thesaurarius, totumque capitulum Beati Martini Turonensis, salutem in Domino sempiternam.

Noveritis nos vidisse et verbo ad verbum legisse litteras bone memorie Henrici et Roberti, quondam episcoporum ecclesie Baiocensis, in hec verba :

[Ici le texte des n°s 119 et 171.]

Datum horum transcriptum die lune post festum Beati Martini estivale, anno M°CC°LX° nono.

1. Bono, commune d'Athée.
2. Le Vignau, commune d'Athée.

307. — 1270. — CONTRAT DE VENTE PAR GUILLAUME PISCERNA AU PRIEUR DE RONCHEVILLE [1], D'UN JARDIN. . . SITUÉ A RONCHEVILLE, JOIGNANT D'UNE PART A GUILLAUME GERVAISE, D'AUTRE A LA RUETTE. LA DITE VENTE POUR SOIXANTE SOLS TOURNOIS. SE RÉSERVE DIX DENIERS DE RENTE SUR LE DIT JARDIN. — (Archives du Calvados, registre A 151, f° 9.)

308. — 1272, 8 janvier. — ACHAT PAR LE CHAMBRIER DE SAINT-JULIEN D'UNE RENTE DE FROMENT SUR UNE TERRE SISE A CERELLES. — (Original parchemin, jadis scellé sur double queue, Archives d'Indre-et-Loire, H 473.)

Universis presentes litteras inspecturis et audituris, officialis Turonensis, salutem in Domino.

Noveritis quod in nostra presencia constituti Laur[encius] Pesteilleau et Theophania, ejus uxor, confessi sunt se vendidisse et concessisse, vendiderunt et concesserunt unanimiter coram nobis camerario Beati Juliani Turonensis, precio quadraginta solidorum monete currentis, de quibus se tenent coram nobis plenarie pro pagatis in pecunia numerata, prout confessi sunt coram nobis predicti Laur[encius] et ejus uxor, unum sexterium frumenti ad mensuram Pontis Turonensis, ad habendum, tenendum, possidendum et percipiendum in perpetuum a dicto camerario, vel ejus mandato, et ejus successoribus, ab eisdem venditoribus, et eorum heredibus, super quodam arpento terre arabilis quod habent, ut dicunt, in parrochia de Cesoliis [2], in feodo seu censiva dicti camerarii, sito juxta limitem per quem itur apud Roser[ios] [3], ex una parte, et terram Johannis de Artat, ex altera, die festi Beati Michaelis annuatim. . .

In cujus rei memoriam presentibus litteris ad petitionem ipsorum Laur[encii] et Theophanie sigillum curie Turonensis duximus apponendum.

Datum die sabbati post Epiphaniam Domini, anno gratie M°CC° septuagesimo primo. J. Auth.

1. Roncheville, commune de Bavent (Calvados).
2. Cerelles, canton de Neuillé-Pont-Pierre (Indre-et-Loire).
3. Rouziers, canton de Neuillé-Pont-Pierre (Indre-et-Loire).

309. — 1272, 7 septembre. — TRANSACTION ENTRE LES MOINES DE SAINT-JULIEN ET UN NOMMÉ ANDRÉ AU SUJET DES MOULINS DE FONTENAY. — (Analyse dans l'*Inventaire des titres du fief de Bléré*, Archives d'Indre-et-Loire, H 513, f° 20.)

Accord, passé le mercredi veille de la Nativité de la Sainte Vierge M.CC.LXXII, entre les religieux de Saint-Julien et André, qui tenait des dits religieux la troisième partie des trois moulins de Fontenay [1], dont il y en avait deux à blé et l'autre à foulon, lesquels moulins il avait laissé détériorer et avaient grand besoin de réparations. Pourquoi il abandonne aux dits religieux le dit moulin à foulon à perpétuité et sa portion des moulins à blé jusqu'à ce que les dits religieux fussent remplis de leurs déboursés, après quoi il jouirait sa vie durant de la dite troisième partie ainsi que de la moitié de la saulaie devant les dits moulins.

La dite cession approuvée par Jean et Michel, frères du dit André, qui s'obligent de payer aux dits religieux leurs déboursés si le dit André mourait avant d'avoir soldé. Signé, Simon de Castellis.

310. — 1272, 19 novembre. — ACHAT PAR L'AUMONIER DE SAINT-JULIEN D'UNE VIGNE SISE A BONO PAROISSE D'ATHÉE. — (Original parchemin, scellé sur double queue d'un fragment de sceau en cire brune, Archives d'Indre-et-Loire, H 471.)

Universis presentes litteras inspecturis et audituris, officialis Turonensis, salutem in Domino.

Noveritis quod, in nostra presentia constitutus, Petrus Dames, dictus Burburcus, et Petronilla, ejus uxor, confessi sunt in jure coram nobis se vendidisse et vendiderunt coram nobis et concesserunt perpetuo et hereditarie religioso viro et honesto elemosinario Beati Juliani Turonensis ad opus elemosinarie predicti monasterii, pretio septem librarum monete currentis, ipsis venditoribus ab dicto elemosinario integre in numerata pecunia persoluto, totam quamdam peciam vinee, quam ipsi venditores habebant, ut dicebant, sitam in parro-

1. Fontenay, commune de Bléré (Indre-et-Loire).

chia de Atheis [1], in feodo prioris de Baunou [2], in clausis de Bauvaers, que quidem petia vinee vocatur vinea des Melliers, inter vineam dicti Brocart et vineam Perraudi de Paluz, habendam, possidendam perpetuis temporibus et tenendam ab ipso elemosinario et ejus successoribus titulo et nomine emptionis. . .

Datum die sabbati ante festum Sancti Clementis, anno Domini M°CC° septuagesimo secundo.

311. — 1275, 22 avril (lundi Quazimodo). — CESSION ET DONATION EN PURE AUMONE, PAR GUÉRIN DE VALLE ET SA FEMME, AUX ABBÉ ET RELIGIEUX [DE SAINT-JULIEN] DE TOUT CE QUI POUVOIT LEUR APPARTENIR AU TERROIR DE RONCHEVILLE [3], TANT EN TERRE LABOURABLE QUE NON LABOURABLE. — (Archives du Calvados, registre A 151, f° 10. — Autres analyses, Archives du Calvados, registre A 155, p. 13, et Archives d'Indre-et-Loire, H 515, p. 14.)

312. — 1276, 17 novembre, Viterbe. — BULLE DU PAPE JEAN XXI, CONFIRMANT A L'AUMONERIE DE SAINT-JULIEN LA POSSESSION DES BIENS DONT ELLE JOUISSAIT. — (Copie, B. N., Baluze, 77, f° 91.)

Johannes, episcopus, servus servorum Dei, dilectis filiis magistro et fratribus elemosinariæ juxta monasterium Sancti Juliani Turonensis, salutem et apostolicam benedictionem.

Cum a nobis petitur quod justum est et honestum, tam rigor æquitatis quam ordo exigit rationis, ut id per sollicitudinem officii nostri ad debitum perducatur effectum.

Eapropter, dilecti in Domino filii, vestris justis postulationibus grato concurrentes assensu, personas vestras et domum elemosinariam in qua communi vita *(sic)* degitis, cum omnibus bonis quæ in præsentiarum rationabiliter possidetis, aut in futurum justis modis, præstante Domino, poteritis adipisci, sub beati Petri et nostra protectione suscipimus specialiter

1. Athée, canton de Bléré (Indre-et-Loire).
2. Bono, commune d'Athée.
3. Roncheville, commune de Bavent (Calvados).

autem villas, decimas, vineas, prata, terras, annuos census et alia bona vestra, sicut ea omnia juste ac pacifice possidetis, vobis et per vos eidem domui auctoritate apostolica confirmamus et præsentis scripti patrocinio communimus, salva in prædictis decimis moderatione concilii generalis.

Nulli ergo omnino hominum liceat hanc paginam nostræ protectionis et confirmationis infringere, vel ei ausu temerario contraire. Si quis autem hoc attemptare præsumpserit, indignationem Omnipotentis Dei et beatorum Petri et Pauli apostolorum ejus se noverit incursurum.

Datum Viterbii, XV kalendas decembris, pontificatus nostri anno primo.

313. — 1278, 3 mars, Rome. — Bulle du pape Nicolas III approuvant l'accord établi au sujet des procurations entre l'abbaye de Saint-Julien et l'archidiacre d'Outre-Loire. — (Copie, B. N., Latin, 77, f° 93.)

Nicolaus, episcopus, servus servorum Dei, dilectis filiis abbati et conventui monasterii Sancti Juliani Turonensis, ordinis Sancti Benedicti, salutem et apostolicam benedictionem.

Cum a nobis petitur quod justum est et honestum, tam rigor æquitatis quam ordo exigit rationis, ut id per sollicitudinem officii nostri ad debitum perducatur effectum.

Exhibita siquidem nobis vestra petitio continebat quod, cum olim inter vos, ex una parte, et magistrum Mathæum, archidiaconum Transligerensem in ecclesia Turonensi, super quibusdam procurationibus, quas idem archidiaconus in de Valeriis[1], de Capella Sancti Remigii[2], de Brechia[3] et de Sancto Antonio[4] domibus, ad monasterium vestrum spectantibus,

1. Vallières, ancienne paroisse, commune de Fondettes (Indre-et-Loire).
2. La Chapelle-Saint-Remy, *modo* Saint-Roch, canton de Neuillé-Pont-Pierre (Indre-et-Loire).
3. Brèches, canton de Château-la-Vallière (Indre-et-Loire).
4. Saint-Antoine-du-Rocher, canton de Neuillé-Pont-Pierre (Indre-et-Loire).

Turonensis diocesis, se debere de antiqua et approbata et hactenus pacifice observata consuetudine percipere asserebat, ex altera, quæstionis materia orta fuisset; tandem, mediante bonæ memoriæ Juhello, Turonensi archiepiscopo, amicabilis super hoc pacis compositio intervenit, prout in litteris inde confectis plenius dicitur contineri[1].

Nos itaque, vestris supplicationibus inclinati, compositionem hujusmodi sicut rite, sine pravitate, provide facta est et ab utraque parte recepta et hactenus pacifice observata, ac in alicujus præjudicium non redundat, ratam et gratam habentes illam auctoritate apostolica confirmamus et presentis scripti patrocinio communimus.

Nulli ergo omnino. . .

Datum Romæ, apud Sanctum Petrum, V nonas martii, pontificatus nostri anno I.

314. — 1278, 3 mars, Rome. — BULLE DU PAPE NICOLAS III APPROUVANT L'ACCORD ÉTABLI ENTRE LE CHAPITRE DE TOURS ET LES MOINES DE SAINT-JULIEN, AU SUJET DE LA PRÉBENDE APPARTENANT AUX MOINES. — (Copie, B. N., Baluze, 77, f° 92.)

Nicolaus, episcopus, servus servorum Dei, dilectis filiis abbati et conventui monasterii Beati Juliani Turonensis, ordinis Sancti Benedicti, salutem et apostolicam benedictionem.

Cum a nobis petitur quod justum est et honestum, tam rigor æquitatis quam ordo exigit rationis, ut id per sollicitudinem officii nostri ad debitum perducatur effectum.

Exhibita siquidem nobis vestra petitio continebat quod, licet vos de antiqua et approbata et hactenus pacifice observata consuetudine, fructus et proventus unius præbendæ, æqualis fructibus aliarum præbendarum ecclesiæ Turonensis, consuessitis percipere ab antiquo, tamen decano et capitulo ejusdem ecclesiæ fructus et proventus hujusmodi vobis denegantibus exhibere, et inter vos, ex parte una, et dictos decanum et capitulum, ex altera, super hoc horta materia quæs-

1. Voir ci-dessus n° 255.

tionis; tandem, mediantibus bonæ memoriæ Vincentio, archiepiscopo, et Johanne, cantore Turonensi, amicabilis super hoc inter partes compositio intervenit, prout in litteris inde confectis plenius dicitur contineri.

Nos itaque, vestris supplicationibus inclinati, compositionem hujusmodi sicut rite sine pravitate, provide facta est et ab utraque parte sponte recepta et hactenus pacifice observata, ac in alicujus præjudicium non redundat, ratam et gratam habentes, illam auctoritate apostolica confirmamus et præsentis scripti patrocinio communimus.

Nulli ergo hominum liceat hanc paginam nostræ confirmationis infringere, vel ei ausu temerario contraire. Si quis autem hæc attemptare presumpserit, indignationem Omnipotentis Dei et beatorum Petri et Pauli, apostolorum ejus se noverit incursurum.

Datum Romæ, apud Sanctum Petrum, V nonas martii, pontificatus nostri anno primo.

315. — 1278, 5 août, Viterbe. — BULLE DU PAPE NICOLAS III, CONFIRMANT LES POSSESSIONS DE L'ABBAYE DE SAINT-JULIEN. — (Copie B. N., Latin, 12.677, f° 186.)

Nicolaus, episcopus, servus servorum Dei, dilectis filiis abbati monasterii Sancti Juliani Turonensis ejusque fratribus, tam presentibus quam futuris, regularem vitam professis, in perpetuum.

Religiosam vitam eligentibus, apostolicum convenit adesse presidium, ne forte cujuslibet temeritatis incursus aut eos a proposito revocet, aut robur, quod absit, sacre religionis infragat.

Eapropter, dilecti nostri in Domino filii, vestris justis postulationibus clementer annuimus, et monasterium Sancti Juliani Turonensis, in quo divino estis obsequio mancipati, sub beati Petri et nostra protectione suscipimus et presentis scripti privilegio communimus, imprimis siquidem statuentes, ut ordo monasticus, qui, secundum Deum et beati Petri regulam, in eodem monasterio institus esse dignoscitur, perpetuis ibidem temporibus inviolabiliter observetur.

Preterea quascunque possessiones, quecunque bona, idem monasterium inpresentiarum juste et canonice possidet, aut in futurum, concessione pontificum, largitione regum vel principum, oblatione fidelium, seu aliis justis modis, prestante Domino, poterit adipisci, firma vobis vestrisque successoribus illibata permaneant, in quibus hec propriis duximus exprimenda vocabulis.

Locum ipsum quo prefatum monasterium situm est, cum omnibus pertinenciis suis; jus patronatus quo[d] habetis in ecclesiis de Fresneyo juxta Mare [1], de Mevana [2] et de Aneriis [3], et decimas quas percipitis in ecclesiarum parrochiis earumdem, necnon grangias, feuda, redditus et quicquid juris monasterium vestrum in eisdem parrochiis noscitur obtinere; jus patronatus quod habetis in ecclesiis de Hablovilla [4], de Gerlio [5], de Belloano [6], de Megneyaco [7] et Feritate Mathei [8], cum de[cimis] et redditibus quos percipitis in parrochiis ecclesiarum predictarum, et quic[quid] juris habetis in capellis Sanctorum Dionisii et Georgii [9]; jus patronatus in ecclesia de Marsonio [10], decimas, mansionarios, jurisdictionem temporalem, redditus et quicquid juris habetis ibidem; jus patronatus quod habetis in ecclesia de Blereyo [11], redditus et quicquid juris percipitis a rectore qui est pro tempore in eadem, necnon decimas, molendina, grangias, terras, possessiones, terragia, jurisdictionem temporalem et quicquid juris in parrochia ejus-

1. Saint-Côme-de-Fresné, canton de Ryes (Calvados).
2. Meuvaines, canton de Ryes (Calvados).
3. Asnelles, canton de Ryes (Calvados).
4. Habloville, canton de Putanges (Orne).
5. Giel, canton de Putanges (Orne).
6. Beauvain, canton de Carrouges (Orne). — Il faut en conséquence rectifier au tome Ier le sommaire de la charte 51 et supprimer la note 1 de la page 73 et modifier la note 8 de la page 106.
7. Magny-le-Désert, canton de la Ferté-Macé (Orne).
8. La Ferté-Macé, chef-lieu de canton de l'arrondissement de Domfront (Orne).
9. Chapelles de Saint-Denis et de Saint-Georges à la Ferté-Macé.
10. Marçon, canton de la Chartre-sur-le-Loir (Sarthe).
11. Bléré, chef-lieu de canton de l'arrondissement de Tours (Indre-et-Loire).

dem ecclesie obtinetis; jus patronatus quod habetis in ecclesia de Cezellis[1], cum decimis, possessionibus et quicquid juris habetis ibidem; jus patronatus quod habetis in ecclesia de Breys[2]; jus patronatus quod habetis in ecclesia de Bretiniaco[3], cum decimis, terris, pascuis, molendinis ac universis juribus, que in earumdem ecclesiarum parochiis monasterium vestrum noscitur obtinere; prioratum de *Broutelina* (?) et capellaniam Sancti Juliani[4] quam habebitis ibidem, cum decimis, redditibus et omnibus redditibus eorumdem; prioratum de Feritate Mathei[5], cum decimis, terris, pratis, molendinis, fullonico, usagio in forestibus et nemoribus, et omnibus aliis ad prioratum pertinentibus supradictum; prioratum de Corpotrammo[6] et jus patronatus quod habetis in parrochiali ecclesia ejusdem loci, cum decimis quas percipitis in eadem parrochia et capella dependente ab ea; prioratum de Gabronio[7] et jus patronatus quod ibidem in parrochiali ecclesia obtinetis, cum decimis, terris, pratis, juridictione temporali ac aliis pertinenciis suis; jus patronatus quod habetis in parrochiali ecclesia de Militia[8] et prioratum quod habetis ibidem, cum decimis, terris, pratis, vineis, grangiis, redditibus ac omnibus aliis pertinenciis suis; jus patronatus quod habetis in parrochiali ecclesia de Bellomonte[9], aut prioratum quod habetis ibidem, cum villa, mansionariis, decimis, terris, vineis, pratis, nemoribus, mollendinis, jurisdictione temporali et omnibus aliis pertinenciis suis; prioratum Sancti Lezini[10],

1. Cerelles, canton de Neuillé-Pont-Pierre (Indre-et-Loire).
2. Bray, *modo* Reignac, canton de Loches (Indre-et-Loire).
3. Berthenay, canton de Tours-sud (Indre-et-Loire).
4. Il s'agit probablement de la chapelle de Saint-Julien que l'abbaye possédait en la forêt de Chédon. Saint-Julien-de-Chédon, canton de Montrichard (Loir-et-Cher).
5. La Ferté-Macé, chef-lieu de canton de l'arrondissement de Domfront (Orne).
6. Couptrain, chef-lieu de canton de l'arrondissement de Mayenne (Mayenne).
7. Javron, canton de Couptrain (Mayenne).
8. La Milesse, deuxième canton du Mans (Sarthe).
9. Beaumont-la-Chartre, canton de la Chartre-sur-le-Loir (Sarthe).
10. Saint-Lezin, ancienne chapelle, commune de Marçon (Sarthe).

cum capella, decimis, terris, possessionibus, redditibus et omnibus pertinenciis suis ; prioratum de Bueillyo [1], jus patronatus quod habetis in ecclesia parrochiali loci ejusdem, necnon decimas, terras, redditus et quicquid juris habetis ibidem ; prioratum et villam et jus patronatus quod habetis in ecclesia de Cancellis [2], cum decimis, terris, possessionibus, nemoribus, mollendinis, furnis, terragiis, mansionariis et omni juridictione temporali, ac omnibus pertinenciis eorumdem ; prioratum, villam et jus patronatus quod habetis in ecclesia de Nozilleyo [3], cum decimis, terris, possessionibus, domibus, grangiis, redditibus et omni juridictione temporali ac omnibus pertinenciis eorumdem ; prioratum, villam et jus patronatus quod habetis in ecclesia de Chenucum [4], cum terris, vineis, redditibus, juridictione temporali, ac omnibus pertinenciis suis ; prioratum et jus patronatus in ecclesia de Castro Reginardi [5], cum decimis, terris, possessionibus, vineis, redditibus et omnibus pertinenciis suis ; prioratum et villam et jus patronatus de Sonneyo [6], quod habetis in ecclesia dicti loci et capella dependente ex ea, cum decimis, vineis, stagnis, mollendinis, terris, possessionibus, juridictione temporali, ac universis juribus que habetis ibidem ; prioratum Sancti Dyonisii de Ambasia [7], ac jus patronatus quod habetis in ecclesia dicti loci, necnon terras, vineas, possessiones et quicquid juris habetis ibidem ; prioratum de Cessia [8] et villam cum capella quam habetis ibidem, cum decimis, terris, vineis, pratis, pascuis, terragiis, nemoribus, mollendinis, redditibus, juridictione temporali ac omnibus pertinenciis suis ; prioratum de

1. Bueil, canton de Neuvy-le-Roi (Indre-et-Loire).
2. Chanceaux-sur-Choisille, canton de Vouvray (Indre-et-Loire).
3. Nouzilly, canton de Châteaurenault (Indre-et-Loire).
4. Chenusson, ancienne paroisse, commune de Saint-Laurent-en-Gâtines (Indre-et-Loire).
5. Châteaurenault, chef-lieu de canton de l'arrondissement de Tours (Indre-et-Loire).
6. Saunay, canton de Châteaurenault (Indre-et-Loire).
7. Saint-Denis, à Amboise (Indre-et-Loire).
8. La Chaise, commune de Saint-Georges-sur-Cher (Loir-et-Cher).

Bauno[1] et villam cum capella quam habetis ibidem; jus patronatus quod habetis in ecclesia de Atheis[2], cum decimis, terris, possessionibus, pratis, pascuis, nemoribus, grangiis, redditibus ac omnibus pertinenciis suis; prioratum et villam de Cyconeyo[3] et jus patronatus quod habetis in ecclesia ejusdem loci, cum decimis, terris, vineis, pratis, pascuis, juridictione temporali, mansionariis, terragiis, redditibus et aliis pertinenciis suis: prioratum de Sancto Medardo[4] et jus patronatus quod habetis in ecclesia ejusdem loci, cum decimis, terris, vineis, pratis, domibus, redditibus et aliis pertinenciis suis; prioratum et villam de Ambillo[5] et jus patronatus quod habetis in ecclesia ejusdem loci, cum decimis, terris, vineis, furnis, pratis, redditibus, juridictione temporali ac omnibus pertinenciis suis; prioratum de Brechia[6] et jus patronatus quod habetis in ecclesia ejusdem loci, cum decimis, terris, vineis, redditibus ac omnibus pertinenciis suis; prioratum de Capella Sancti Remigii[7] cum decimis, terris, vineis, pratis, nemoribus, mansionariis, juridictione temporali, ac omnibus aliis pertinenciis suis; prioratum de Sancto Anthonio[8] et jus patronatus quod habetis in ecclesia ejusdem loci, cum decimis, terris, possessionibus, redditibus ac omnibus pertinenciis suis; prioratum de Chemeriaco[9], cum capella quam habetis ibidem et jus patronatus quod habetis in ecclesia ejusdem loci, cum decimis, terris, vineis, pratis ac omnibus aliis pertinenciis suis; prioratum et villam de Sancto Quintino[10] et jus patronatus quod habetis in ecclesia ejusdem loci,

1. Bono, commune d'Athée (Indre-et-Loire).
2. Athée, canton de Bléré (Indre-et-Loire).
3. Cigogné, canton de Bléré (Indre-et-Loire).
4. Saint-Mars, *modo* Cinq-Mars-la-Pile, canton de Langeais (Indre-et-Loire).
5. Ambillou, canton de Château-la-Vallière (Indre-et-Loire).
6. Brèches, canton de Château-la-Vallière (Indre-et-Loire).
7. La Chapelle-Saint-Remy, *modo* Saint-Roch (Indre-et-Loire).
8. Saint-Antoine-du-Rocher, canton de Neuillé-Pont-Pierre (Indre-et-Loire).
9. Echemiré, canton de Baugé (Maine-et-Loire).
10. Saint-Quentin-lès-Beaurepaire, canton de Baugé (Maine-et-Loire).

cum decimis, terris, pratis, juridictione temporali, redditibus et omnibus aliis pertinenciis suis ; prioratum de Ranciaco[1], cum capella quam habetis ibidem, cum decimis, terris, vineis, pratis, molendinis, mansionariis, juridictione temporali, redditibus et omnibus pertinentiis suis ; prioratum de Pauliaco et jus patronatus quod habetis in ecclesia de Anchon[2], necnon decimas, vineas, prata, redditus et quicquid juris habetis ibidem ; prioratum de Castrobourdin[3] cum capella et omnibus pertinenciis suis, villam ejusdem castri, jurisdictionem temporalem, redditus, denaria, furnum et quicquid juris habetis ibidem ; prioratum Sancti Cirici prope Redonis[4], cum capella, necnon jurisdictionem temporalem in mansionariis territorii prioratus ejusdem, decimas, terras et nemora, redditus et quicquid juris habetis ibidem ; prebendam quam habetis in ecclesia Beati Martini Turonensis[5] et prebendam quam habetis in ecclesia Sancti Juliani Brivatensis[6] ; jus patronatus quod habetis in ecclesia Sancti Saturnini Turonensis[7], et illam porcionem proventuum quam percipitis in eadem ; domum de Valleriis[8] cum capella et juridictionem temporalem quam

1. Rançay, commune de Monts (Indre-et-Loire).

2. J'ai vainement cherché à identifier ces deux localités, qui l'une et l'autre sont situées en Auvergne. Dans une liste des prieurés et bénéfices dépendant de Saint-Julien elles sont indiquées ainsi : *prior de Poillac in Arvernia,..... Ecclesia de Anchon ad collationem prioris de Poillac* (B. N., Latin, fol. 215-216). *Pauliacum* est peut-être Paulhac, commune du canton de Saint-Flour (Cantal), dont l'église est dédiée à saint Julien et où se trouvait au moyen âge un prieuré placé sous le vocable du même saint, bien que, d'après le *Pouillé du XVIIe siècle du diocèse de Saint-Flour*, publié par A. Bruel, ce prieuré de Saint-Julien de Paulhac dépendait de l'évêché de Saint-Flour et non de l'abbaye de Saint-Julien de Tours. Quant à *Anchon*, je n'ai trouvé aucune localité avec laquelle on pourrait l'identifier. Peut-être pourrait-on penser à Apchon, canton de Riom-ès-Montagnes (Cantal), si la collation de cette cure n'avait anciennement appartenu à l'évêque de Clermont (*Pouillé du diocèse de Clermont*, publié par A. Bruel).

3. Château-Bourdin, commune de Saint-Pardoux (Deux-Sèvres).

4. Saint-Cyr-lès-Rennes, commune de Rennes (Ille-et-Vilaine).

5. Saint-Martin, église collégiale en la ville de Tours.

6. Saint-Julien-de-Brioude, chapitre en la ville de Brioude (Haute-Loire).

7. Saint-Saturnin, paroisse de la ville de Tours.

8. Vallières, ancienne paroisse, commune de Fondettes (Indre-et-Loire).

habetis in mansionariis parrochialis ecclesie de Valleriis, necnon decimas, terragia et quicquid juris habetis ibidem, furnum, decimas, redditus et quicquid juris habetis apud Fondetis [1]; domum de la Bonnaudière, cum capella, decimis, terris, vineis, pratis, pascuis, redditibus ac aliis pertinenciis suis ; domum de Masseriis [2], domum de Luciniaci [3], necnon decimas, terras, vineas, prata, nemora, jurisdictionem temporalem et quicquid juris habetis in ecclesia de Cesellis [4]; decimam quam percipitis in territorio de Jueyo [5], necnon terragia, redditus, denarios et jurisdictionem temporalem quam habetis ibidem ; terragia et jurisdictionem temporalem in loco qui dicitur Aubereya [6] et in quibusdam locis civitatis et castrorum Turonensium; Portum de Cordon [7], decimas, terras, vineas torcular, prata et quicquid juris habetis ibidem ; vineas, torcular et quicquid juris habetis in locum qui dicitur Groisson [8]; usagium quod habetis in foresta et nemoribus de Bossesneyo [9], cum terris, pratis, vineis, nemoribus usuagiis, et in bosco et plano, in aquis et molendinis, in viis et semitis et omnibus aliis libertatibus et immunitatibus suis.

Sane novalium vestrorum, que propriis manibus aut sumptibus colitis, de quibus aliquis hactenus non percepit, sive de vestrorum animalium detrimentis, nullus a vobis decimas exigere vel extorquere presumat.

Liceat quoque vobis clericos vel laicos, liberos et absolutos, a seculo fugientes ad conversionem recipere, et eos absque contradictione aliqua retinere. Prohibemus insuper ut nulli fratrum vestrorum, post factam in monasterio vestro professionem, fas sit, sine abbatis sui licencia, de eodem loco, nisi

1. Fondettes, canton de Tours-nord (Indre-et-Loire).
2. Mézières, commune de Dolus (Indre-et-Loire).
3. Leugny, commune d'Azay-sur-Cher (Indre-et-Loire).
4. Cerelles, canton de Neuillé-Pont-Pierre (Indre-et-Loire).
5. Le Vieux-Joué, commune de Montreuil, et le Jeune-Joué, commune de Saint-Ouen (Indre-et-Loire).
6. L'Aubraie, hameau, commune de Joué-lès-Tours (Indre-et-Loire).
7. Port-Cordon, commune de la Riche (Indre-et-Loire).
8. Groison, commune de Saint-Symphorien (Indre-et-Loire).
9. La forêt de Brécheuay.

artiori religione obtenta, discedere. Discedentem vero, absque [. . .] litterarum vestrarum cautione, nullus audeat et retinere.

Cum autem generale interdictum terre fuerit, liceat vobis, clausis januis, exclusis excommunicatis et interdictis, non pulsatis campanis, suppressa voce, divina officia celebrare, dummodo causam non dederint interdicto.

Chrisma vero, oleum sanctum, consecrationes altarium seu basilicarum, ordinationes clericorum, qui ad ordines fuerint promovendi, a diocesano suscipietis episcopo, siquidem catholicus fuerit et gratiam et communionem sacrosancte Romane Sedis habuerit et eas vobis voluerit sine pravitate aliqua exhibere.

Prohibemus insuper ut infra fines parrochie vestre, si causam habetis, nullus, sine assensu diocesani episcopi et vestri, capellam seu oratorium de novo construere audeat, salvis privilegiis pontificum Romanorum. Ad hec, novas et indebitas exactiones ab archepiscopis *(sic)*, episcopis, archidiaconis seu decanis, aliisque omnibus ecclesiasticis secularibus personis, vobis omnino fieri prohibemus.

Sepulturam quoque ipsius loci liberam esse decrevimus, ut, eorum devotioni et extreme voluntati, qui se illic sepeliri deliberaverint, nisi forte excommunicati vel interdicti sint, aut etiam publice usurarii, nullus obsistat, salva tamen justicia illarum ecclesiarum a quibus mortuorum corpora assumuntur.

Decimas preterea et possessiones ad jus ecclesiarum vestrarum spectantes, que a laicis detinerentur, redimendi et legitime redimendi de manibus eorum et ad ecclesias quas pertinent revocandi, libera sit vobis, de nostra auctoritate facultas.

Obeunte vero te, nunc ejusdem loci abbate, vel tuorum quolibet, susceptionis astutia seu violentia præponatur (?) nisi quem fratres, communi consensu, vel fratrum major pars consilii sanioris secundum Deum et beati patris Benedicti regulam provideri[t] eligendum.

Paci quoque et transquilitati vestre paterna imposterum solicitudine providere volentes, auctoritate apostolica, prohibemus ut infra clausuras locorum, seu grangiarum vestrarum, nullus rapinam seu furtum facere, ignem apponere, sanguinem fundere, hominem tenere, capere vel interficere, seu violenciam audeat exercere.

Preterea, omnes libertates et immunitates, a predecessoribus Romanis Pontificibus, monasterio vestro concessas, necnon libertates et exemptiones secularium exactionum a regibus, principibus vel aliis fidelibus rationabiliter vobis indultas, auctoritate apostolica, confirmamus et presentis scripti privilegio communimus.

Decrevimus ergo ut nulli omnino homini liceat prefatum monasterium temere perturbare, aut ejus possessiones aufferre, vel alias retinere, minuere seu quibuslibet vexationibus fatigare, sed omnia integra conserventur eorum, pro quorum gubernatione et sustentatione concessa sunt, usibus omnimodo profutura ; salva Sedis Apostolice auctoritate et diocesani episcopi justitia canonica et in predictis decimis moderatione concilii generalis.

Si qua igitur in futurum ecclesiastica secularisve persona hanc nostre constitutionis paginam sciens, contra eam temere venire temptaverit, secundo terciove commonita, nisi reatum suum, congrua satisfactione, correxerit, potestatis honorisque sui careat dignitate, reamque se divino judicio existere, perpetrata iniquitate, cognoscat, et a sacratissimo corpore et sanguine Dei et divini redemptoris Jesu Xpisti aliena fiat, atque in extremo examine districte subjaceat ultioni.

Cunctis autem eidem loco sua jura serventibus sit pax Domini nostri Jesu Xpisti quatenus et hic fructum bene percipiant et apud districtum judicium premia eterna pacis inveniant. Amen. Amen.

[Ici la rota[1] avec devise : *Miserere mei, Deus, miserere mei.*]

1. La rota est ainsi décrite : « Et au dessoulz est un seing en forme de rondeau double, dedens lequel y a une croit noire au travers, ouquel est écrit : *Petrus Paulus*, au dessus, et au dessoulz : *Nicolaus papa tercius*. Et ou cercle dudit rondeau est escrit : *Miserere mei, Deus, miserere mei.* »

Ego, Nicolaus, catholice ecclesie episcopus, subscripsi.

✠ Ego Ancherus, Sancte Praxedis presbyter cardinalis.

Ego Guillelmus, Sancti Marci presbyter cardinalis.

Ego Gerardus, basilice Duodecim Apostolorum presbyter cardinalis.

Ego Odoinus, Tusculanensis episcopus.

Ego frater Utuenga, Albatiensis episcopus.

Ego Jacobus, Sancte Marie in Cosmedin diaconus cardinalis.

Ego Gothofridus, Sancti Georgii ad Vellum Aureum diaconus cardinalis.

Ego Matheus, Sancte Marie in Porticu diaconus cardinalis.

Ego Jordanus, Sancti Eustachii diaconus cardinalis.

Datum Viterbii, per manum magistri Petri de Mediolano, Sancte Romane Ecclesie, vice-cancellarii, nonis Augusti, indictione sexta, Incarnationis Domini M.CC.L.XXVIII, pontificatus vero domini Nicolai pape tertii anno primo [1].

316. — 1279, 23 janvier. — Achat par les moines de Saint-Julien d'une vigne, a Bléré, a eux vendue par Mathieu de Fontenay et Mathée, sa femme. — (Original parchemin, jadis scellé sur queue double, Archives d'Indre-et-Loire, H 480.)

Universis presentes litteras inspecturis et audituris, officialis curie Turonensis, salutem in Domino.

Noveritis quod, coram nobis in jure constitutus, Matheus de Fontenayo et Mathea, ejus uxor, confessi sunt se vendidisse et concessisse et coram nobis vendunt et concedunt, religiosis viris abbati et conventui Beati Juliani Turonensis, precio triginta solidorum monete currentis sibi integre persoluto in pecunia numerata, ut confessi sunt in jure coram nobis, quartam partem cujusdam quarterii vinee, quam habebant, ut

1. A la suite est écrit : « *Scellé in cauda cerica crocea et rubea in qua impendet sigillum plumbeum in forma curie Romane et insculpta in eo dua capita sub quibus est scriptum : S.PA., S.PE ex uno latere, et ex alio est scriptum : NICOLAUS PAPA III*. »

dicunt, sitam in parrochia de Bleresio [1], in feodo religiosorum predictorum juxta vinarium ipsorum religiosorum, quod vocatur vinarium de Closo, ex una parte, et juxta vineam de Gastina, ex altera, habendam, tenendam et percipiendam ab ipsis religiosis aut eorum mandato, in futurum. . .

Actum die lune post festum Sancti Vincencii, anno Domini M°CC°LXX^{mo} octavo. G. Corton.

317. — 1280, 18 avril. — ACQUÊT FAIT PAR LE CHAMBRIER DE SAINT-JULIEN DE XX SOLS DE CENS, A LUI VENDU PAR ERNEUIL DE LINIÈRE, PAROISSIEN DE CERELLES [2], QU'IL ASSIGNE SUR TROIS QUARTIERS DE PRÉ EN LA DITE PAROISSE, JOIGNANT LE PRÉ DU PRIEUR DE CHANCEAU [3] ET LA RIVIÈRE DE CHOISILLE [4]. JEUDI AVANT PAQUES 1279. — (*Inventaire des titres de la Chambrerie*, Archives d'Indre-et-Loire, H 509, p. 51.)

318. — 1281. — BAIL A FERME PAR L'ABBÉ ET LE COUVENT DE SAINT-JULIEN A MACÉE DE LA QUARTE, DES DROITS DE TERRAGE DUS AU DIT ABBÉ EN LA PAROISSE DE FONDETTES [5], DÉPENDANT DE LA TERRE ET SEIGNEURIE DE VALLIÈRES [6], POUR EN PAYER DEUX SETIERS D'AVOINE DE RENTE. — (*Inventaire des titres de la seigneurie de Vallières*, Archives d'Indre-et-Loire, H 517, p. 1.)

319. — 1282, 30 août. — CHARTE PAR LAQUELLE NICOLAS GESLANT, ÉVÊQUE D'ANGERS, CONFIRME L'ACCORD ÉTABLI ENTRE LE PRIEUR ET LE CURÉ D'ECHEMIRÉ AU SUJET DES DIMES ET DES OBLATIONS. — (Original parchemin jadis scellé de trois sceaux sur double queue de parchemin, Archives de Maine-et-Loire, H 5.329.)

1. Bléré, chef-lieu de canton de l'arrondissement de Tours (Indre-et-Loire).
2. Cerelles, canton de Neuillé-Pont-Pierre (Indre-et-Loire).
3. Chanceaux-sur-Choisille, canton de Vouvray (Indre-et-Loire).
4. La Grande-Choisille, rivière qui prend sa source au lieu dit Fontaine-de-Choisille, commune de Monnaie, et se jette dans la Loire au pont de la Motte, commune de Saint-Cyr-sur-Loire.
5. Fondettes, canton de Tours-nord (Indre-et-Loire).
6. Vallières, ancienne paroisse, commune de Fondettes.

Universis presentes litteras inspecturis et audituris, Nicholaus [1], miseratione divina Andegavensis ecclesie minister indignus, salutem in Domino.

Noverint universi quod, cum [inter religi]osos viros abbatem et conventum monasterii Beati Juliani Turonensis et priorem prioratus de Chemireyo [2], nostre Andegavensis diocesis, ad dictum monasterium pertinentis, ex una parte, [et rectorem] ecclesie de Chemireyo, nostre dicte dyocesis, ex altera, super premiciis et quibusdam novalium decimis in parrochia dicte ecclesie de Chemireyo existentibus, preteritis, presentibus et futuris, necnon [super] portionibus oblacionum in ipsa ecclesia de Chemireyo obveniencium, orta esset materia questionis; tandem idem rector, pro se et ecclesie sue nomine, et dictus prior, pro dictis m[onachis et] conventu, habens ab eis litteras de ratihabicione, super hiis sufficienter instructus, et pro se, ratione prioratus predicti, super predictis premiciis, novalium decimis tam preteritis, presentibus quam futuris, redactis eciam ad culturam et in posterum redigendis, mediante bonorum consilio, [nostra] eciam auctoritate, tam dicti prioratus quam dicte ecclesie considerata utrocitraque et pensata utilitate, grato concurrentes assensu, ad hanc amicabilem compositionem et pacis concordiam super ipsis novalium decimis preteritis etiam presentibus et futuris et etiam super aliis, ratione dicte ecclesie, devenerunt modo qui sequitur.

Et ea que sequuntur confessi sunt coram nobis, videlicet quod idem rector voluit et expresse consensit quod dictus prior et ejus successores, ipsius prioratus nomine, omnes novalium decimas antedictas in ipsa parrochia existentes in locis ad culturam redactis et in posterum redigendis in territorio et locis ubi idem prior et ipsius prioris antecessores veteres decimas perceperunt et percipere consueverunt, pro ea tamen parte seu porcione percipient et novas, salvis locis et territoriis eidem rectori et ejus successoribus, in quibus ipse

1. Nicolas Geslant, evêque d'Angers, 1261-1290.
2. Echemiré, canton de Baugé (Maine-et-Loire).

vel ejus antecessores decimas novalium et eciam veteres ibidem perceperunt et percipere consueverunt et pro hiis portionibus illas percipere consueverunt et habebunt.

Et pro bono pacis dictus prior et sui successores tenentur reddere de cetero dicto rectori et ejus successoribus, ratione ipsarum novalium, prioratui predicto per compositionem hujusmodi, contradictione, tam dicti rectoris, quam ipsius ecclesie qui pro tempore in futurum esse poterint rectores et successores eidem in ecclesia memorata, non obstante, libere remanencium, tria sextaria bladi, unum frumenti, alium siliginis et alterum ordei, ad mensuram de Baugeio cursilem in messionibus annuatim, una cum antiqua modiacione, videlicet : sex sextaria frumenti, sex sextaria siliginis et sex sextaria ordei, ad mensuram loci antiquam, et unum modium et dimidium vini boni et puri bordelench[is] ad minus per medium annue amodiacionis, quod bladum in augusto et quod vinum in vindemiis idem rector in dicto prioratu percipere consuevit.

Verum super portionibus oblationum in ipsa ecclesia obveniencium tam dicti prior quam rector, nominibus quibus supra, ad hanc similiter concordiam, alter alterum modo qui sequitur agnoscentes devenerunt, videlicet quod idem rector agnovit, quod omnes oblationes in ipsa ecclesia singulis diebus, necnon et que in capellis dicti prioratus in solidum et donum de Rogeio, prout in dicta ecclesia obveniunt, a quibuscumque personis et undecumque inibi offeruntur, quocumque nomine censeantur, et oblationes etiam in secunda missa, corporibus mortuorum presentibus, et ab ipso priore vel ejus consocio aut ab alio ipsius prioris mandato de monasterio Beati Juliani predicti celebrata obvenientes, et lecti forma (?) personarum nobilium et aliorum quorumcumque feudatorum hominum, seu personarum ad fidem tenentium in ipsa parrochia decedentium, et classicum etiam omnium mortuorum, prout moris est in parrochia antedicta, ad ipsum priorem de Chemireio pertinent, et voluit quod pertineant in futurum pacifice et quiete ; exceptis oblationibus infrascriptis, que eidem rectori remanent, prout inferius est expressum, quas idem prior recognovit, ad dictum rectorem et ejus successores in dicta ecclesia, in posterum pertinere pacifice et quiete, videlicet : omnes oblationes missarum et introituum defunctorum a quibuscumque personis et undecumque oblatis in ipsa ecclesia de Chemireio, corporibus mortuorum presentibus, ipsis tantum oblacionibus secunde misse exceptis celebrate, que dicto priori, ut dictum est, remanent.

Luminare vero ibidem apportatum et oblatum et omne aliud emolumentum pro defunctis obveniens in ipsa ecclesia, videlicet oblaciones a quibuscumque personis facte in missis anniversariorum defunctorum, dum tandem classicum sero precedente pulpitum, sive oblationes, que die septima pro septinalis et commemor[ationibus] septanis et annalis et trecenalis, et quod in missis et intentionibus et commemoracione, que dicitur *Remembrée*, pro defunctis, ut dictum est, obveniunt in ecclesia memorata, necnon que per petis et baculis, et propria manu nubentur in die nupciarum, et denarii de porta ecclesie, quos portant nubentes in die crastina in admissacione eorumdem et que propria manu mulierum ad purificationem venientium et cheveligium maritorum, denariique et candela panis benedicti et pro baptismo parvulorum et crismale, eidem rectori et ejus successoribus remanent pacifice et quiete, contradictione tam dicti prioris quam ipsius prioris successores, qui esse poterunt priores et successores eidem in prioratu memorato, et eciam abbatis et conventus predictorum non obstante.

Illic vero oblationes, si que forte ibidem obveniant, a peregrinis vel aliis quibuscumque personis, post missam, vel ante, vel absque missa, excepto tamen uno denario, quem idem prior vel rector qui missam celebrabit vel introitum dicet, vel quilibet alius de oblacione ad manum suam veniente, sibi percipuum retinebit, inter eos priorem et rectorem per medium precipiantur. Medietate *(sic)* oblacionum que ad reliquias dicte ecclesie offerentur, postquam sacerdos qui missam celebraverit manus suas post offerendum abluerit exhibatur, frabrice ipsius ecclesie salva remanent, alia medietate inter priorem et rectorem dicti loci pro parte media convenienter dividenda.

Sane idem rector tenetur in duobus festis Sancti Stephani per se vel per alium annis sigulis, tam hyemali quam estivo tempore, cum processione et sanctuaria cruce et aqua benedicta, venire ad capellam prioratus predicti, ibique missam sollempniter celebrare : et illis diebus ipse prior dicto rectori cum capellano seu clerico si cappellanus non habeat, necnon et in Nativitate die[bus] Beati Martini estivi, Sanctorum Omnium, et in vigiliis festorum ipsorum cum persona quam maluerit, tenetur prandium congruum ministrare, prout dies pacietur et tempus, in prioratu predicto, et vice versa idem rector tenetur eidem priori et ejus solatio et clavigero semel in anno, in domo ipsius rectoris, tempore congruo prius sibi ab ipso priore significato quando percipit emolumentum bladi et vini, que quidem idem rector apud ipsum priorem ab antiquo percipere consuevit annuatim sufficiens convivium ministrare.

Nos vero accendentes, ex inquisicione super premissis habita diligenti, omnia premissa et singula ita ab antiquo fuisse observata prout superius sunt expressa inter priorem et rectorem qui pro tempore fuerit in loco predicto, exceptis composicione et ordinacione oblationum, reliquiarum et decimarum novalium, quas ex causa et auctoritate predictis de cetero volumus observari prout superius continentur, predictas ordinacionem, composicionem, necnon et divisionem porcionum oblationum ipsarum alias ab ipsis partibus aquitarum, auctoritate nostra tanquam loci dyocesanus, decreto nostro super hoc interposito, approbantes, laudantes et eisdem composicioni et divisioni prout possumus annuentes et expresse consencientes, easdem duximus confirmandas, salvo jure fabrice ecclesie memorate.

Et presentes litteras utrique parti dedimus sigillo nostro, una cum sigillis ipsorum abbatis et conventus in testimonium veritatis sigillatas.

Datum die Dominica ante festum sancti Egidii, anno ab Incarnatione Domini millesimo CC°LXXX° secundo. Richerius de Fauco.

320. — 1286, 3 novembre, Loches. — Vente par Colin Jarrie et Osanne, sa femme, a Renaut du Bois-Bonart,

D'UNE RENTE ASSISE SUR LES HÉRITAGES QUE FEU JEAN JARRIE AVAIT EN LA PAROISSE DE DIERRE, AU FIEF DE SAINT-JULIEN. — (Original parchemin, Archives d'Indre-et-Loire, H 959.)

Saichent tuit présenz et avenir que Colin Jarrie et Osanne, sa fame, ont confessé en droit en la cort lou roi, à Loiches, que il ont vendu et vendent, par commun accort, et livrent, par cest escript à tot jormès et à héritaige à Renaut de Bois-Bonart[1] et à ses hers diz sol de annuel et perpétuel rente, que le dit Renaut et Johan Oriost, clerc, lour devoient, si comme il disoient, le dimenche d'avent la Saint-Julien, chascun an, sus totes les possessions que feu Johan Jarrie avoit en la parroiche de Dierre[2], en fief Saint-Julien comme sus cens, censes, vignes, terres, prez et autres choses quexque eles soient, à avoir, à tenir, à possoer et à recevoir.

Les diz sols de cens dessus diz venduz au dit Renaut e a ses hers et à ceux qui ont e auront cause de lui paisiblement par manière et par titre d'achet e à en faire tote sa volente haut e bas por le prix de quatre livres de monnaie courant, dont les diz vendeurs se tiennent pour bien paiez. . . si que il transportent au dit Renaut tote la possession. . . des cens dessus diz venduz, quites et delivres. . . en rendant cinc sols de servise a l'abbé de Saint Julien, au jor de la Saint Julien, chascun an à mès tot jors tant solement. . .

Et fut fait à Loiches, ajugé à tenir par le jugement de la dite cort lou roi et saelé dou sceau de la dite cort en tesmoin de vérité, salve le droit lou roi.

Présenz Johan Tarost et Johan Chaperon, le dimanche après la Tozsainz, l'an de graice mil e dous cenz quatre vinz et sex.

321. — 1288, 24 février. — ACTE PAR LEQUEL LES PAROISSIENS DE SAINT-GEORGES-SUR-CHER CONSTITUENT SIX PROCUREURS CHARGÉS DE LES REPRÉSENTER DANS LEUR LITIGE CONTRE L'ABBAYE DE SAINT-JULIEN. — (Copie dans l'accord établi le 6 août 1294, Archives d'Indre-et-Loire, H 956.)

1. Boisbonnard, village, commune de Dierre (Indre-et-Loire).
2. Dierre, canton de Bléré (Indre-et-Loire).

Saichent tuit présenz e à venir que Hemeri, fuis feu Hervé Le Fevre ; Renaut Gymplier ; Ogier Achart ; Johan Lebert ; Estienvre Goron ; Guillaume Achart ; Martin Achart ; Pierre Thomas ; Geuffroi de la Grosillère ; Mathé Gautier ; André Burier ; Morice Burier ; Cousin Le Surre ; Johain Boursaut ; Estienvre Breteau ; André Chauveau ; Pierre [. . .] ; Johan Le Petit ; Pierres Poesson ; André Patin ; Guillaume Aubespin ; Guillaume Luiller ; Martin Le Fevre ; Lorenz, Johan, Estienvre de la Groisillère, Houdert La Moussaie ; Macé Burier ; Estienvre Poesson ; Denis [. . .] ; Sainton Chauveau ; Lorenz Mestivier ; Guillaume Burier ; Oudet Le Surre ; Johenne la Borsande ; Emeline, fame feu Guillaume Poesson ; Lorence dou Poez ; Pierre Le Tessier ; Jehan Pynant ; Geuffroy de la Bordebure ; Mar[. . .]do Marcheis ; Perronnele, fame feu André dou Chastelier ; Martine la Bigote ; Micho Gautier ; Johain des Coudraiz ; Pierre de Codraiz ; Perenin Mestivier ; Guillaume Espinaut ; Geuffroi Godeau ; Mathé Hodebert ; Estienvre des Codraiz ; Anselme, fame feu Johan Le Petit ; Lorenz Poi[. . .] ; Geuffroy Le Coustelier ; Renaut Groisil ; Pierre Pinçon ; Guillaume de la Porte ; Guillaume de la Mestrière ; Renaut Fevrier ; Geuffroy Le Clerc ; Geuffroy dou Marcheiz ; Estienvre Aumosnier ; Estienvre de la Croiz ; Guillaume R[. . .]bont ; Guillaume [. . .]ner ; Estienvre Jardin ; Estienne Godeau ; André de la Fosse ; Lorenz Gaidon ; Johan Le Coutelier ; Étienne Glane ; Agace des Coudroiz ; Julienne, fame feu Lorenz Le Peletier ; Micheau Pynaut ; Pierre Chauveau ; Pierre Gautier ; Moricon Aubeespin ; Lorenz Mestivier ; Johan Le Fevre ; Raoul de la Lande ; Pierre Girart ; Johennin Bureau ; Guillaume Le Voier ; Philippe dou Châtelier ; André Le Fevre ; Johennin Le Taignoirs ; André Berengier ; Estienne Hermite ; Pierre Achart ; Micho Mam[. . .] ; Renaut [. . .]de Francelles ; Guillaume de Monstereu ; Guillaume Thomas ; Aaceline la Burele ; Johan Berengier ; Oudet Vauchelonne ; Geuffroy Ganer ; Lorenz Groesil ; Guillaume Vas ; Estienne do Val ; Honour la Roière ; André do Port ; Estienne Poesson ; Geufroy Le Potier ; Pierre Pilin ; Martin Dibon ;

Micho des Segrees ; Johan Payen ; Hodebourt, fame feu Bernart de Faucelles ; Johan Chauveau ; Pierre de la Loige ; Ameline, fame feu Raoul de Cere ; Johanne la Costurière ; Johan, fuiz feu Lorenz Le Peletier ; Guillaume le [. . .] ; Martin le genvre Roy ; Renaut Doumecs et Guillaume Le Potier, de la parroisse de Saint Jorge sus Chier [1], ont confessie en droit en la cort lo roy, que il ont fait et establi . . . par commun accort de Guillaume Le Boicher, de Johan Villain, de Joham Fillo, de Guillaumet Le Boucher, de Pierre de Larabloie et de Pierres de la Lande, leurs généraux procuratours e espéciaux alloez. . . en toutes les causes et en chacune que les personnes desus dites ont meues et entendent à mouvoir contre religieus hommes l'abé et le covent de Saint-Julien de Tours e contre le priour de la Chèse [2] e contre toutes autres personnes, par devant toutes manières de juges tant de cort laye quant de cort d'yglise . . .

Ce fut fait le Mardi emprès le Dyemenche que l'en chante *Reminiscere*, l'an de grace mil CC e quatre vinz e VII.

322. — 1292, 20 octobre. — Déclarations de Brice de la Chaise, procureur de l'abbaye de Saint-Julien, par lesquelles il affirme que la présentation et le patronage de l'église de Meuvaines appartient a l'abbaye de Saint-Julien. — (Copie, Archives du Calvados, registre A 151, f°s 394-395.)

Sachent tuit que, établi par devant nos, Herbert Juelier, garde et portors du sael lou roi, dont l'an use à Tors, maitre Brisse de la Chesse, procurator à l'abbé et au convent de l'abbaie Saint Julien de Tors, faissant foy de la procuration de l'abbé et dou covent desusdit, les protestations, les provocations et les appeaux por ceulx abbé et covent et por leur abbaie fist et lut et entrepoussa par devant nos, contenans la forme qui s'ansit :

Ge, Maitre Brice de la Chesse, procurator à l'abbé et au couvent de l'abbaie Saint Julien de Tors, di et propose et fait

1. Saint-Georges-sur-Cher, canton de Montrichard (Loir-et-Cher).
2. La Chaise, commune de Saint-Georges-sur-Cher.

protestation, que l'abbé et le couvent de celle abbaie sont patrons de l'église de Mavaine[1] de la diocèse de Baieus, et sont en saisine et . . . dou droit dou patronage de icelle et de présenter illesques, à l'évêque dou leu, personnes totes les fois que celle église vaquoit, et ont été dès le temps dont il n'est point de mémoire et sont encore.

Item. Ge propose que Thomas Bernard, prêtre à celle église, délivré et vacant par la mort de Raoul Bigot, prêtre, jadis gouvernor de celle église sans poient de meaint avant celui de Bernard, fut présenté à icelle église de par l'abbé et le couvent dudit leu, qui lors estoient, à l'évêque, qui lors étoit, tant comme de trois patrons de celle église, et que l'évêque, qui lors étoit, le receut à la présentation des dits abbé et couvent, qui lors étoient, et li donna l'église. Et icelui Thomas tint celle église ou les droits et les appartenances de icelle bien et à droit jusques au temps, qui fut mil et deux cents quatre vingt et onze environ la feste de la Nativité Saint Jean Baptiste en l'an de celle incarnation.

Emprès ge propose que celuy Raoul e[u]t celle église avant celui Thomas sans nul meain à la présentation de l'abbé et dou couvent de cette abbaie, qui lorent *(sic)* étoient, et l'évêque dou leu, qui lors de, le receut a lor présentation et à la collation de l'évêque à qui il avoit esté présenté de par eux[2]. Il tient laditte église bien et à droit jusques il morit.

Item. Ge propose que le patronage de icelle église appartient à eux et que le droit de patronage il eut léalement gaignié par prescription.

Item. Ge propose que Alexandre Malherbe premierement se commença à opposer environ celle fête de Saint Jehan et non mie avant au patronage de icelle église.

Item. Ge propose qu'en ce temps plait pendoit à Rome entre deux eslis en decort de icelle abbaie de Saint Julien[3],

1. Meuvaines, canton de Ryes (Calvados).

2. Voir ci-dessus, tome I, n° 171.

3. Ce conflit eut lieu vraisemblablement après la mort de l'abbé Jean IV, qui arriva le 22 février 1281. Son successeur fut Geoffroy IV, dit le Poitevin, moine de Bourgueil, « *vir pius atque inter largos largissimus* ». *Gallia,* t. XIV, col. 249.

desquels un, qui étoit abbé, au plus tot qui fut deçà les monts, il s'apparut devant le bailli de Caen ou pardevant tenant son leu, en la cor duquel baillif l'on plaidoit dou patronage de la ditte église, et contredist, si comme il pet, au dit Alexandre que le droit de patronage de la ditte église ne li appartenoit mie, et proposa bien que l'abbé et le couvent devant dis en étoient en saisine ou au sirs (?) à eux apartenoit dès le temps dont il n'est mémoire.

Item. Ge propose que après ces choses, le lieutenant au dit baillif, — l'abbé et le covent devant dis, sans nul procurator, absent de la court au dit baillif, ceux abbé et covent n'ont pas semons ne amonestez, non pas convainqus, non confessans en absence, non pas défaillant, — dit et fis un jugement contre l'abbé et contre le covent devant dis, por le dit escuer sur le patronage de icelle église en contre droit en lor faisant tort, qui étoit faux et mauvais et en préjudice de eux; auquel jugement cil abbé et cil covent, au plus tôt qui le soient, contredirent et encore le contredient et ge, procurator en tant que je puis, et le vrais abbé et covent, qui ores sont, le contredient au plus qu'il poent tant qu'il en eux est.

Et fais protestation de totes ces choses devant dites senefier et faire à scavoir au dit baillif et à son lieutenant et à très haut homme au roy de France au plus tost que l'abbé et le covent, qui ores sont, ou leur procurator pouront avoir profitablement copie de lor personnes et de supploier au roy ou de li offrir prières que li doit patronage de celle abbaie en celle église par bénéfice de restitution en entrevix ou autrement soit gardé en la manière qui li roy verra qu'il sera à faire, et demontrer le droit de l'abbaie et sus la propriété et sus la saisine dou droit patronage de icelle église de encienneté.

Et supploy à vous, qui estes en leu lou roy à Tors, quand apporter le seal audit roy, que vos me saellés ces choses proposées devant nos, en temoins de verité.

Lesquelles choses ainsit levées et faites pardevant . . . saellames dou sael lou roy dont l'an use à Tors.

Ce fut fait et donné l'an de grace doux cens quatre vingt et doze, le lundi après la Saint Luc, évangéliste.

323. — Après 1292. — « Original en parchemin d'une requête adressée par les religieux de Saint-Julien a Nosseigneurs du parlement de Rouen pour juger la contestation cy-après énoncée. » — Analyse. Archives du Calvados, registre A 151, f°s 386-387.)

« Les religieux de Saint-Julien avoit élu deux abbé, qui étoit en contestation en cour de Rome pour les provisions. Pendant lequel temps les biens temporelles de la dite abbaie étoient ès mains du roy, et le sceau et gouvernement spirituel en celle de Monseigneur l'évêque de Tours. Pendant le dit temps, la cure de Mevenne vint à vaquer. Les religieux demandèrent à présenter un sujet à deffaut de l'abbé auquel la ditte présentation avoit appartenu de tout tems. Le nommé Alexandre, dit Malherbe, s'y opposa et obtint un jugement en sa faveur au siège de Caen. Les religieux interjetterent appel au parlement, qui ordonna que le bailly de Caen revisa la procédure, vu plusieurs titres par laquelle la ditte présentation paroissoit appartenir aux dits abbé et religieux. Les parties promettent s'en raporter au jugement que le dit bailly rendra, sans avoir égard au passé. [1] »

1. Les deux registres A 151 et 155 des Archives du Calvados nous font connaître les documents suivants relatifs aux difficultés survenues au sujet du droit de présentation de l'église de Meuvaines entre la famille de Malherbe et l'abbaye de Saint-Julien :

1305. — Arrêt de l'échiquier de Normandie tenu en l'an 1305, rendu entre Richard Malherbe, écuyer, et les religieux de Saint-Julien, adjugeant à ceux-ci le patronage de l'église de Mevennes. — (Archives du Calvados, A 155, p. 173). — *Dimanche après la N.-D. de mars* 1315. — Aliénation faite « par le curé de Mevennes des deux tiers des dixmes des Blancs de ladite parroisse au proffit du Sr Raoul Malherbe, chevalier, qui prend la qualité de patron et de presentateur ». — (*Ibidem*, f° 387 et f°s 402-404). — 1320. — Cession faite aux religieux de Saint-Julien par Raoul Malherbe, chevalier, des deux tiers de la grosse dime de la paroisse de Mevennes, qu'il a eus par acquet du sieur Menard, recteur dud. lieu de Meveunes. — (Archives du Calvados, A 155, p. 173.) — Avant 1351, — Copie collationnée le 8 mai 1362 des partages « entre Alexandre Malherbe ; Colin la Campaigne, pour soy et Alexis, sa femme, Ricard,

324. — 1293, 11 novembre, Tours. — Acte par lequel l'abbé Geoffroy et les moines de Saint-Julien, pour récompenser de ses bons services leur familier, Pierre de Bonval, curé de Sours, lui donnent la jouissance sa vie durant de leur prébende en l'église Saint-Martin. — (Copie, B. N., Latin, 12.677, fol. 198.)

Frater Gaufridus, Sancti Juliani Turonensis abbas, et totus conventus, attendentes gratum et fidele servicium sibi et suo monasterio impensum a Petro de Bonavalle, episcopali suo, et rectore ecclesiæ de Sours [1], Carnotensis diœcesis, ei concedunt ad vitam suam tantummodo fructus et proventus præbendæ quam habebant et percipiebant et prædecessores eorum percipere consueverant in ecclesia Beati Martini Turonensis.

Datum Turonis, in nostro generali capitulo, die mercurii in hiemali festo Beati Martini, anno Domini M.CC.LXXXXIII.

325. — 1294, 3 août. — Procuration donnée par Geoffroy, abbé de Saint-Julien. — (Copie dans l'accord du 6 août, Archives d'Indre-et-Loire, H 956.)

Universis presentes inspecturis et audituris, frater Gaufridus, humilis abbas, et conventus monasterii Sancti Juliani Turonensis, salutem in Domino.

Noveritis quod in omnibus et singulis causis, quas habemus et habituri sumus contra quoscumque adversarios nostros et quicumque adversarii nostri habent et habituri sunt contra

Alizette et Tifaine, dit Malherbe, enfans et héritiers de Richard Malherbe, par lequel partage étoit échu au dit Collin la Campaigne le droit de patronage de l'églize de Mevaine, sauf à lui se deffendre sur la contestation pendante entre le dit Alexandre Malherbe et les religieux de Saint Jullien, laquelle avoit été jugée au siège de Caen au profit du dit Alexandre, pourquoi les dits abbé et religieux avoient interjetté appel devant Nosseigneurs du parlement qui commirent le bailli de Caen pour juger la dite cause. Duquel jugement *la teneur est cy après autant qu'on en a pu lire, ce titre* étant fort effacé et en partie rongé de vetusté. » — (Arch. du Calvados, A 151, f° 388.) — A la suite transaction du 5 avril 1355 entre frère Jean Aubry, moine, procureur de l'abbé et couvent de Tours, et Colin de la Campagne, par lequel le droit de patronage est maintenu aux religieux de Tours. Dans le préambule il est question du procès entre Alexandre Malherbe, sous agé, et les religieux. — (*Ibidem*, f°s 389-392).

1. Sours, canton de Chartres (Eure-et-Loir).

nos, tam conjunctim quam divisim, coram ballivis illustrissimi regis Francie in Turonia, seu ejus locum tenenti, in instantibus assisiis Turonensibus, fratres Petrum de Castro Reginaldi, camerarium nostrum, Johannem Herice, baillivum, et Guillermun Loeseau, celerarium monasterii predicti. . . nostros facimus et constituimus procuratores generales. . .

Datum die martis post octabas Beate Marie Magdalene, anno Domini M°CC° nonagesimo quarto.

326. — 1294, 6 août. — ACCORD ÉTABLI ENTRE L'ABBAYE DE SAINT-JULIEN ET LES PAROISSIENS DE SAINT-GEORGES-SUR-CHER, PAR LEQUEL LES JOUISSANCES DE LA FORÊT DE CHÉDON SONT PARTAGÉES ENTRE LES PARTIES. — (Original parchemin, jadis scellé, semble-t-il, de deux sceaux sur doubles queues, Archives d'Indre-et-Loire, H 956.)

A touz ceous qui verront e orront ces présentes lettres, Robert Maugier, baillif de Toureinne, saluz.

Comme contenz fust meuz entre religious hommes et honestes, l'abbé et le covent de Saint Julien de Tours et le prieur de la Chèse [1], membre de l'abbaie de Saint Julien dessus dit, e en non do dit prioré, d'une part, et les hommes do terroer de la Chèse, de l'autre partie, sus ce que les diz hommes disoient pardevant nos, contre les diz religious, que il devoient avoir e avoient leur usaige par tout le boays de Chiedon, c'est à savoir en boys mort e en boays vif à mésonner e à fère toutes leur choses nécessaires, en demandant congié au priour dou dit lieu; e l'abbé e le couvent dou dit lieu, e le priour desus dit, e en non desus dit, disanz en contre que il n'i avoient pas ce que il demandoient.

Saichent touz que en nostre présence establi le dit priour pour soy e frère Pierre, chamberier, e frère Guillaume Loeseau, celerier de l'abbaye Saint Julien desus dite, procuratours do dit abbé et couvent, en non desus dit, fondez par procuration soufisant de laquele la tenour est tèle :

[Ici le texte du n° 324.]

1. La Chaise, commune de Saint-Georges-sur-Cher (Loir-et-Cher).

d'une part, et Guillaume Boicher, Johan Villain ; Johan Fillo, Guillemet Le Boicher, Pierre de Larabloye et Pierres de la Lande, procuratours généraux pour les diz hommes de la Chèse et pour tout le commun fondez soufisaument par procuration, saellée dou seel l'en use pour nostre sire le roy à Tours, dont la tenour est tèle :

[Ici le texte du n° 320.]

d'autre, emprès pluseurs altercacions eues entre les dites parties, les diz procuratours e le dit priour, en non desus dit, en conseil de bones gens, vindrent à cest paiz et à cest acort, de touz les contenz desus diz.

C'est à savoir que tout le défayz de la forest de Chiedon aux diz religieus apartenant demourra perpétuaument et héréditaument aux diz religieuz ; e il est accordé que toute la grant forest de Chiédon apartenant asdiz religious sera partie par moitié droètement au lonc et au travers sanz feire poeint de meaint, laquèle forest les diz hommes partiront, e les diz religious paieront aux diz hommes une seule foiz sexante souz, pour leur travail et pour leur peinne de la partir, e les deux parties faites, les diz religieus, ou leur commandement, prendront la partie qui mieux leur plaira e en feront toute leur volenté dou dit défays e de la moitié de la dite forest sanz que les diz hommes, ne leurs heirs y puissent jamès rien demander ne réclamer, ne autre par reson d'eux.

Item, en celle partie qui demourra aux diz hommes, le priour de la Chèse aura son usaige e aura la seignorie, la garde e les amendes ès meffez qui amendront, par reison de seignorie et de joustice, e ne porront les hommes user en la dite forest jusques à tant que il aient le priour dou dit dit lieu requis par trois foiz soufisaument, e si e le dit priour ne lour vouloit donner congié, quant ils auroient requis, si comme dessus est dit, il le porroient aler couper e pourroient e prendre le bois mort, sanz le congié do dit priour, e les branches e les arbres qui cherront se le dit priour ou son commandement ne l'avoit prins et emporté.

Item, les hommes seront touz jurez par devant le commendement l'abé que il garderont la dite partie commune entre eus e le dit priour bien et loiaument, e [. . .] chascuns des diz hommes dou terroer aura presté e [. . .], se il troevent auqun meffetour dehors dou terroer en la dite partie, dou prendre e emener au priour, ou prendre gaige et l'aporter au dit priour, e par rèson de la prinse, il auront quatre deniers par la main au dit priour.

Item, se il avenoit que pesson fust ou aveinst en l'une partie ou en l'autre de la dite forest, les diz hommes i porroient metre porcs, en payant le pasnage, si comme ils ont acoustumé ; c'est à scavoir trois deniers par chacun porc.

Item, se il avenoit que le dit bois fust essarté en tout, ou en partie, en tel manière que les diz hommes n'i trouvassent soufisaument, la terre demorroit auz dis hommes, chacun arpent pour [. . .] deniers, e la disme e la joustice demourront as diz religieus segont la coustume dou terrouer. E si les diz hommes ne la voulaient prandre, eus requis soufisaument, les diz religieus la porroient bailler à autres genz, ou la retenir à eus à leur usaige.

Item, il est acordé entre les diz hommes et les diz religieus que il ne porront riens donner ne vendre de celle partie commune entre eus de la dite forest n'en [. . .] autres reclamer usaiges en celle partie commune, fors le dit priour et les diz hommes.

E promistrent le dit priour, en tant comme à lui puet apartenir, et les diz procuratours, ou non desus dit, à tenir le dit acort ferme e estable, sanz jamez venir en contre.

E furent jugiez par le jugement de la court le roy, en tesmoing de laquèle chose, à la requeste des parties, nous avons mis en ces présentes lettres le seel de quoi nous uson ovec le seel que quoi l'en use en la chastelenie de Tours, sauve le droict nostre sire le roy et l'autrui.

Donné l'an de grace mil e CC quatre vint e quatorze, le vendredi devant la feste Saint Lorenz.

327. — 1295. — EMPTION D'UNE PIÈCE DE COURTIL SÉANT DEVANT LE MOULIN DE MERÉ[1], QUI ÉTOIT CHARGÉE D'UNE OBOLE

1. Méré, moulin, commune de Saunay (Indre-et-Loire).

DE CENS ENVERS LE PRIEUR DE SONNAY[1], FAITE PAR NICOLAS, PRIEUR DU DIT SONNAY, DE JEAN BERRUIER, PAR DEVANT UN NOTAIRE DE LA COUR DE CHATEAU-REGNAULT. — (*Inventaire des titres du prieuré de Saunay*, Archives d'Indre-et-Loire, H 503.)

328. — 1295, 11 novembre. — BAILLÉE A RENTE FAITE PAR L'ABBÉ ET COUVENT DE SAINT-JULIEN AU PROFIT DE L'AUMONIER A FIRMINUS PIQUEREUS ET A PETRONILLE, SA FEMME, D'UNE PLACE ET FOND D'ICELLE EN LA PAROISSE DE SAINT-HILAIRE DE TOURS[2], DANS LE FIEF AU DIT AUMONIER, JOIGNANT LA RUE CHIEVRE[3], D'UN LONG GAUFRIDI DE BONNEFONT, POUR EN PAYER VIII SOLS DE CENS PAR AN, TERME DE SAINT-JEAN-BAPTISTE, ET A CHARGE D'Y BATIR UNE MAISON. DATÉ DU JOUR SAINT-MARTIN D'HIVER 1295. — (*Inventaire des domaines, rentes, fiefs et seigneuries dépendant de l'Aumônerie de Saint-Julien*, Archives d'Indre-et-Loire, H 507, p. 85.)

329. — 1296, 19 février. — ACHAT PAR L'AUMONIER DE SAINT-JULIEN D'UNE RENTE ASSISE SUR UNE MAISON DE LA PAROISSE DE SAINT-SATURNIN. — (Original parchemin, jadis scellé sur queue double, Archives d'Indre-et-Loire, H 471.)

Universis presentes litteras inspecturis et audituris, officialis Turonensis, salutem in Domino.

Noveritis quod, coram nobis constituti, Nicholaus, filius defuncti Guillelmi Carpentarii, et Agatha, ejus uxor, confessi sunt se vendidisse et concessisse et, coram nobis, vendiderunt et concesserunt perpetuo et hereditarie fratri Gervasio, elemosinario Sancti Juliani Turonensis, precio quadraginta solidorum monete currentis, eisdem venditoribus a dicto elemosinario integre persoluto in pecunia numerata, quatuor solidos monete currentis annui redditus percipiendos et habendos, a dicto elemosinario et ejus successoribus quolibet anno, videlicet : duos solidos annui redditus in festo Nativitatis Beati

1. Saunay, canton de Châteaurenault (Indre-et-Loire).
2. Saint-Hilaire, ancienne paroisse en la ville de Tours.
3. Aujourd'hui rue de Lucé.

Johannis Baptiste, et duos solidos dicti redditus in festo Nativitatis Domini, annis singulis in futurum, super domo, cum ejus pertinentiis universis, ipsorum conjugum, sita in parrochia Sancti Saturnini Turonensis [1], in *feodo* Sancti Juliani Turonensis, inter domum, que fuit quondam defuncte Auberee, ex una parte, et domum Petri dicti Liciapres (?), civis Turonensis, ex altera ; quarum rerum venditarum dicti conjuges possessionem et proprietatem, quoad integram perceptionem dictorum quatuor solidorum annui redditus, in dictum emptorem transtulerunt per tradicionem presencium litterarum. . .

In cujus rei testimonium presentibus litteris sigillum curie Turonensis duximus apponendum.

Datum die dominica post *Invocavit me* anno Domini M° CC° nonagesimo quinto. Leveau *ou* Loveau.

330. — 1296, 20 mars, Châteaurenault. — Vente par Martin Liard, a frère Nicolas, prieur de Saunay, de tous ses droits de propriété sur certains biens situés a Saunay. — (Original parchemin, Archives d'Indre-et-Loire, H 968.)

A touz ceuls qui verront et orront cestes présentes lestres, le chastelain de Château Regnault, saluz en Nostre Seigneur.

Saichent touz présenz et avenir que Martin Liart et Johanne, sa fame, ont confessé en droit par devant nous que il ont vendu et ou non de vente otroié. . . à touzjorzmes à perpétuel héritage. à frère Nicolas, prieur de Sonnay, et à ses successeurs. . . toute la partie, comme il avoient et povoient avoer, ou porsoiement et ès apartenances, qui fut jadis feu Philippe Liart ; et onquores vendent celle partie, comme il atendent à avoir ou temps à venir de l'eschoaite de Esthaice la Liarde, mère de la Johanne, et par rèson d'eschoaite de suers et de frères ; . . . . le dit porsoiement séant en la parroisse de Sonnay, joignant au chemin qui vet de Château Regnaut à Sonnay, d'une part, et à la terre Philippe Le Vaier, d'autre, et tout pour le pris de trente et cinq solz de deniers de la monnoie courante. . .

Ce fut fet et donné à Château-Regnaut et ajugié à tenir par

1. Saint-Saturnin, paroisse en la ville de Tours.

le jugement de la dite cort, les diz vendeurs par devant nous présenz et consentanz, l'an de grace Notre Seigneur mil deus cenz quatre vinz et quinze, le mardi emprès Pasques Fleuries.

331. — 1296, 1er août. — COMPROMIS PAR LEQUEL LE CHAPITRE DE SAINT-MARTIN DE TOURS ET LES MOINES DE SAINT-JULIEN DÉCIDENT DE CONFIER A JEAN D'AUBIGNY, SOUS-DOYEN DE SAINT-MARTIN, ET PIERRE DE CHATEAURENAULT, CHAMBRIER DE SAINT-JULIEN, LE JUGEMENT DE LEUR DIFFÉREND AU SUJET DES DIMES ANCIENNES DE SAINT MARS-LA-PILE. — (Original parchemin, jadis scellé sur double queue, Archives d'Indre-et-Loire, H 498.)

Universis presentes litteras inspecturis E[gidius], decanus, S[imon], thesaurarius, totumque capitulum Beati Martini Turonensis, salutem in Domino.

Noveritis quod, cum questio seu controversia moveretur inter nos et magistrum Guillelmum de Chamberiaco, prepositum de Varenna in ecclesia nostra predicta, firmarium nostrum de Pila, ex una parte, et religiosos viros abbatem et conventum Sancti Juliani Turonensis, ac priorem Sancti Medardi de Pila, ex alia, super medietate antiquarum decimarum sitarum in territorio dicte ecclesie Beati Martini apud Pilam, quas decimas nos dicebamus ad nos, racione dicte firme nostre, totaliter pertinere, dictis religiosis id inficiantibus ex adverso, et dicentibus medietatem dictarum decimarum ad se pertinere debere ; tandem, pro bono pacis, compromisimus super premissis et singulis premissorum et adhuc compromittimus, de communi assensu parcium, in venerabiles viros magistrum Johannem de Aubegniaco, subdecanum ecclesie nostre predicte, et fratrem P[etrum] de Castro Reginaldi, camerarium Sancti Juliani predicti, tamquam in arbitratores et amicabiles compositores, ut de predictis et singulis predictorum cognoscant et se informent sine strepitu judiciario, summarie et de plano, et de ipsis et singulis predictorum statuant, dicant, ordinent et pronuncient alte et basse, pace vel judicio, semel vel pluries, partibus presentibus vel absentibus, prout sibi videbitur expedire ; promittentes, ad penam centum librarum turonensium parti observanti committendam, sub obligacione rerum mobilium ad dictam rem contenciosam spectancium, quod contra statutum, dictum, ordinacionem seu pronunciationem ipsorum, per nos vel per alium, non veniemus in futurum.

Actum est tamen quod utraque pars suos articulos tradet prefatis subdecano et camerario infra sex dies a tempore date presencium, ut, quid sit agendum in premissis et ad quid utraque pars tandat, reddantur cerciores, et quod presens compromissum duret usque ad festum Omnium Sanctorum proximo venturum.

In cujus rei testimonium sigillum nostrum, quo unico communiter utimur, presentibus litteris duximus apponendum.

Datum die mercurii in octabam Sancti Xpistofori, anno Domini M°CC° nonagesimo sexto.

332. — 1296, 23 octobre. — Sentence arbitrale rendue par Jean d'Aubigny et Pierre de Chateaurenault, qui tranche le différend existant au sujet des dimes de Saint-Mars entre le chapitre de Saint-Martin de Tours et l'abbaye de Saint-Julien. — (Original parchemin, jadis scellé de deux sceaux sur doubles queues de parchemin, Archives d'Indre-et-Loire, H 498.)

Universis presentes litteras inspecturis et audituris, Johannes de Aubeigniaco, subdecanus ecclesie Beati Martini Turonensis, et frater Petrus de Castro Reginaldi, camerarius Sancti Juliani Turonensis, salutem in Domino.

Noveritis quod, cum questio, causa seu controversia verteretur inter venerabiles viros decanum et capitulum ecclesie Beati Martini predicte ac magistrum Guillermum de Chamberiaco, prepositum de Varenna in ecclesia predicta, et firmarium dicte ecclesie apud Pilam, ex una parte, et religiosos viros abbatem et conventum Sancti Juliani Turonensis, et priorem Sancti Medardi de Pila, racione dicti prioratus, ex altera, super eo videlicet quod idem prior dicebat se esse in possessione ponendi servientem suum proprium, singulis annis, ad querendum decimam antiquam bladi et aliorum granorum ac etiam vini, cum in ipsa decima antiqua medietatem habeat, ratione sui prioratus antedicti, et ad ipsum spectare predicta et jus ponendi, ut dictum est. competere, in dictis antiquis decimis in territorio de Pila, dicto preposito et firmario hoc negante, quodque servientem suum proprium, habuerit ad querendum predicta, et dicte partes in nos compromiserint super contentione predicta tanquam in arbitros arbitratores et amicabiles compositores ; examinatione super hoc diligenti facta a nobis, tam per juramenta partium, quam per examinationes testium, quos super hoc producere voluerunt, de dicta contentione pronunciavimus, ordinavimus, pronunciamus eciam et dicimus, dictum priorem non probasse nuncium suum proprium ad colligendum medietatem suam grani dictarum decimarum antiquarum aliquo tempore habuisse, sed illam medietatem affirmasse cuicumque volebat, et idem firmarius suus querebat pro libito voluntatis, ac sibi taliter affirmare in futurum et firmario dicti prioris licebit querere et dictam medietatem faciet ad grangiam solitam deportari.

De vino autem sic pronunciamus quod prefatus prepositus de Varenna quandiu tenebit firmam et firmarius pro tempore, debet eidem priori et suis successoribus denunciare dum erit tempus trahendi illud vinum antiquarum decimarum, quod mittant pro medietate sua recipienda, cum invenerimus sic factum fuisse temporibus retroactis.

In cujus rei testimonium sigilla nostra presentibus litteris duximus apponenda.

Datum et pronunciatum anno Domini M° CC° nonagesimo sexto, die martis ante festum apostolorum Symonis et Jude. Rich[eriu]s de Fauco.

333. — 1296, 23 octobre. — Acte par lequel Jean d'Aubigny et Pierre de Chateaurenault promulguent leur sentence arbitrale qui tranche le différend existant entre le chapitre de Saint-Martin et l'abbaye de Saint-Julien au sujet des dimes anciennes de Saint-Mars. — (Original parchemin, scellé de deux sceaux sur doubles queues, Archives d'Indre-et-Loire, H 498.)

Universis presentes litteras inspecturis Johannes de Aubegniaco, subdecanus ecclesie Beati Martini Turonensis, et frater Petrus de Castro Reginaldi, camerarius Sancti Juliani Turonensis, salutem in Domino.

Noveritis quod, cum, super questione vel controversia, que inter venerabiles viros decanum et capitulum ecclesie Beati Martini predicte ac magistrum Guillermum de Chamberiaco, prepositum de Varenna, firmarium de Pila, ex una parte, et religiosos viros abbatem et conventum Sancti Juliani Turonensis ac priorem Sancti Medardi de Pila, ex altera, vertebatur super medietate antiquarum decimarum sitarum in territorio dicte ecclesie Beati Martini, apud Pilam, quas decimas dicti venerabiles viri dicebant ad se, racione dicte firme sue de Pila, totaliter pertinere, dictis religiosis id dicentibus ex adverso, et quod medietas dictarum decimarum ad se pertinere debebant; compromissum esset a dictis partibus in nos tanquam in arbitros, arbitratores et amicabiles compositores, ut de predictis et singulis predictorum cognosceremus et informaremus nos, sine strepitu judiciario, summarie et de plano, ac de ipsis et singulis premissorum statueremus, diceremus, ordinaremus et pronunciaremus alte et basse, pace vel judicio, semel vel pluries, partibus presentibus vel absentibus, prout nobis videretur expedire, pena centum librarum turonensium hinc inde apposita et promissa parti observanti committenda, sub obligacione rerum mobilium ad dictam rem contenciosam spectancium, quod contra statutum dictum, ordinacionem et pronunciationem nostram per se vel per alium non venirent in futurum.

Nos, anno Domini M° CC° nonagesimo sexto, die martis ante festum apostolorum Symonis et Jude, disposuimus, ordinavimus et pronunciavimus dictum priorem de Pila non probasse se habere debere specialem nuncium ad colligendum medietatem decime veteris, quam ipse prior habet in territorio de Pila, super quibus decimis dicta controversia erat inter dictas partes, sed posse tradere ad firmam partem suam, id est medietatem grani consueti, cuicumque voluerit.

Quoad vinum autem pronunciavimus quod prefatus prepositus de Varenna debet eidem priori denunciare ut mittat ad cuvam, ut ibi medietatem vini recipiat cum pro parta sua contingentem et ut predictus prior omnia omnino faciat prout olim fieri consuevit.

In cujus rei testimonium sigilla nostra presentibus litteris duximus apponenda.

Datum anno et die predictis.

334. — 1297, 24 mars. — Bail d'une terre a Nouzilly, fait par Pierre de Chateaurenault, chambrier de Saint-Julien, a Jean, fils de Maurice de la Harrière. — (Original parchemin, jadis scellé sur double queue de parchemin, Archives d'Indre-et-Loire, H 473.)

Universis presentes litteras inspecturis et audituris, officialis Turonensis, salutem in Domino.

Noveritis quod, coram nobis personaliter constitutus, Johannes, filius Mauricii de la Hariere, confessus est religiosos viros abbatem et conventum monasterii Sancti Juliani Turonensis, de assensu et voluntate fratris Petri de Castro Raginaldi, dicti monasterii camerarii, et ipsum camerarium sibi tradidisse et se accepisse ab eis et adhuc accipit coram nobis ad annuum et perpetuum redditum, octo sextariorum frumenti boni et legalis et viginti duorum sextariorum siliginis, ad mensuram Pontis Turonensis, et decem solidorum monete currentis annui census seu redditus, triginta arpenta terre arabilis, sita in parrochia de Nozeill[o,] ad ipsos religiosos et dictum camerarium, jure dominii pertinentia, juxta stagnum Gaufridi dicti Chesiere, valleti, et cheminum, per quem itur apud Castrum Raginaldi, ex parte una, et juxta terras Bertereau, Rag[inaldi] Royer, Gaufridi Guiton, Johannis, ejus fratris et Johannis dicti Galerne, munerii de Penchien [1], ex altera, necnon et quamdam domum ibidem constitutam et sitam, cum arpentis duobus vel circa nemorum, ochiis, vinea et haiis domui adjacentibus supradicte, ad viginti et duos solidos dicte monete census perpetui, seu redditus annuatim ac eciam capitalis. . .

1. Panchien, hameau, commune de Nouzilly (Indre-et-Loire).

Que octo sextaria frumenti et viginti et duo sextaria siliginis ad mensuram predictam, dictus Johannes promittit se redditur[um] dictis religiosis et camerario, qui est et erit in dicto monasterio pro tempore institutus, ad manerium ipsorum de Chatenayo [1], in die Dominica post festum Beati Michaelis, et dictos census in pecunia annui et capitalis census, in die Dominica post festum Omnium Sanctorum, quicquid accidat in futurum, una cum fructibus seu decimis fructuum in terris ipsis pro tempore crescentium anno quolibet in futurum; quos fructus dicti religiosi et camerarius, aut ejusdem camerarii mandatum ad undecimam gelinam decimare poterunt, juxta conventiones in traditione hujusmodi habitas et obtentas.

Eo acto et concordato quod idem Johannes, ejus heredes, aut ab ipso causam habituri in futurum, fructus ipsos in dictis terris traditis crescen[tes] pro tempore, de terris ipsis levare non poterunt, nec eciam asportare quoadusque dictus camerarius aut ejusdem camerarii mandatum apud dictum manerium existens et constitutum, fuerit requisitus, et fructus ipsi ad dictam undecimam gelinam fuerint decimati.

Omni quoque temporali justicia religiosis ipsis et camerario, tam ratione redditus et censuum annuorum predictorum ad dictos terminos et eorum alterum minime solutorum, in tota vel in parte, quam qualibet alia racione seu causa, in dictis terris, domo, nemore, haiis et earum pertinentiis, cum oschis universis, casu fortuito processu temporis obventur[is,] in omnibus et per omnia semper salva et reservata eisdem tanquam dominis feodalibus rerum omnium predictarum itaque, ut premittitur, ad dictos annuos censum capitalem et redditus perpetuos traditarum et ab eodem Johanne acceptarum. . .

In cujus rei testimonium presentibus litteris sigillum curie Turonensis ad petitionem dicti Johannis duximus apponendum.

Datum die dominica qua cantatur *Letare Iherusalem* anno Domini millesimo CC° nonagesimo sexto. Philippus de Poissiaco.

1. Châtenay, ancien fief possédé par l'abbaye de Saint-Julien, commune de Cerelles (Indre-et-Loire).

335. — 1297, 24 mars. — BAIL D'UNE TERRE A NOUZILLY, FAIT PAR PIERRE DE CHATEAURENAULT A JEAN GALERNE. — (Original parchemin, jadis scellé sur double queue de parchemin, Archives d'Indre-et-Loire, H 473.)

Universis presentes litteras inspecturis, officialis Turonensis, salutem in Domino.

Noveritis quod, coram nobis personaliter constitutus Johannes, dictus Galerne, munerius, confessus est religiosos viros abbatem et conventum Sancti Juliani Turonensis, de assensu et voluntate fratris Petri de Castro Raginaldi, dicti monsterii camerarii, et ipsum camerarium dicto Johanni tradidisse et se accepisse ab eisdem et adhuc accipit, coram nobis ab eisdem ad annuum et perpetuum redditum quatuor sextariorum siliginis boni et legalis, ad mensuram Pontis Turonensis, necnon et ad annuum et capitalem censum sexdecim denariorum monete currentis, quatuor arpenta terre arabilis vel circa, que iidem religiosi et camerarius, nomine et ratione dicte camere sue, habebant et possidebant, sit[a] in parrochia de Nozeilleyo, juxta terras Gaufridi Guiton et Johannis, ejus fratris, ex parte una, et juxta terras Johannis, filii Mauricii de la Harière, et stagnum Gaufridi Chesière, ex alia, ad ipsos religiosos et camerarium jure dominii pertinentia. . . . . . Que quatuor sextaria siliginis in bonitate et mensura predictis dictus Johannes promittit se redditur[um] dictis religiosis et camerario qui nunc est et erit in dicto monasterio camerarius pro tempore institutus, ad manerium nostrum de Châtenays in die dominica post festum Sancti Michaelis et dictos sexdecim denarios annui et perpetui capitalis census in die dominica post festum Omnium Sanctorum, una cum fructibus seu decimis fructuum in terris ipsis pro tempore crescentibus anno quolibet similiter in futurum; quos fructus dicti religiosi et camerarius aut ejusdem camerarii mandatum ad undecimam gelinam decimare poterunt juxta conventiones in traditione hujusmodi habitas et acceptas. . . . [1]

1. Les clauses de ce bail et de ceux qui suivent sont littéralement les mêmes que celles du bail précédent. Il semble donc sans intérêt de les reproduire.

In cujus rei testimonium et munimen presentibus litteris sigillum curie Turonensis, ad dicti Johannis instanciam, duximus apponendum.

Datum die dominica qua cantatur *Letare Jherusalem* anno Domini millesimo CC° nonagesimo sexto. Philippus de Poissi.

336. — 1297, 24 mars. — BAIL D'UNE TERRE A NOUZILLY, FAIT PAR PIERRE DE CHATEAURENAULT, A NICOLAS DE LA CHAUVERIE. — (Original parchemin, jadis scellé sur double queue de parchemin, Archives d'Indre-et-Loire, H 473.)

Universis presentes litteras inspecturis, officialis Turonensis, salutem in Domino.

Noveritis quod, coram nobis personaliter constitutus Nicolaus de la Chauverie confessus est religiosos viros abbatem et conventum Sancti Juliani Turonensis, de assensu et voluntate fratris Petri de Castro Raginaldi, dicti monasterii camerarii, et ipsum camerarium dicto Nicolao tradidisse et se accepisse ab eisdem et adhuc accipit coram nobis ab eisdem ad annuum et perpetuum redditum quatuor sextariorum frumenti et duorum siliginis boni et legalis ad mensuram Pontis Turonensis, necnon et ad annuum et capitalem censum duorum solidorum monete currentis sex arpenta terre arabilis vel circa que iidem religiosi et camerarius, nomine et ratione dicte camere sue habebant et possidebant, sita in parrochia de Nozeilleio, juxta terras Guillelmi Renart, ex una parte, et Guillelmi Pichart, ex alia, ad ipsos religiosos et camerarium jure dominii pertinentia. . .

In cujus rei testimonium et munimen presentibus litteris sigillum curie Turonensis ad dicti Nicolay instantiam, duximus apponendum.

Datum die dominica qua cantatur *Letare Jherusalem* anno Domini millesimo CC° nonagesimo sexto. Philippus de Poissi.

337. — 1297, 24 mars. — BAIL D'UNE TERRE A NOUZILLY, FAIT PAR PIERRE DE CHATEAURENAULT A JULIEN BERTEREAU. — (Original parchemin, jadis scellé sur double queue, Archives d'Indre-et-Loire, H 473.)

Universis presentes litteras inspecturis, officialis Turonensis, salutem in Domino.

Noveritis quod, coram nobis personaliter constitutus, Julianus dictus Bertereau confessus est religiosos viros abbatem et conventum Sancti Juliani Turonensis, de assensu et voluntate fratris Petri de Castro Raginaldi, dicti monasterii camerarii, et ipsum camerarium dicto Juliano tradidisse, et se accepisse ab eisdem et adhuc accipit coram nobis ab eisdem, ad annuum et perpetuum redditum trium sextariorum frumenti boni et legalis ad mensuram Pontis Turonensis, necnon ad annuum et capitalem censum duodecim denariorum monete currentis, tria arpenta terre arabilis vel circa, que ipsi religiosi et idem camerarius, nomine et ratione dicte camere sue, habebant et possidebant, sita in parrochia de Nozilleio, juxta terras Guillelmi Pichart et Guillelmi Renart, ex una parte, et juxta terras Johannis, filii Mauricii de la Hariere, ex alia, ad ipsos religiosos et camerarium, jure dominii pertinentia. . . .

In cujus rei testimonium et munimen presentibus litteris, ad dicti Juliani instanciam, sigillum curie Turonensis duximus apponendum.

Datum die Dominica qua cantatur *Letare Jerusalem*, anno Domini millesimo CC° nonagesimo sexto. Philippus de Poissiaco.

338. — 1298, février. — CHARTE PAR LAQUELLE HUGUES DE CHATILLON, COMTE DE BLOIS, ABANDONNE AU PRIEURÉ DE SAUNAY LA PROPRIÉTÉ DE TROIS ARPENTS DE TERRE ET DE BOIS. — (Original parchemin, scellé sur double queue de parchemin d'un sceau en cire jaune brisé, Archives d'Indre-et-Loire, H 968.)

Nous, Hues de Chastillon, cuens de Blois et sire d'Avesn[es], faisons savoir à tous présenz et avenir que nous, pour Dieu et en aumosne, voulons et otroions en bonne foi que le prioré de Sonnai [1], quiconques soit prieur pour le tens, ait et tiengne dores en avant, à tous joursmais, trois arpenz de terre et de

1. Saunay, canton de Châteaurenault (Indre-et-Loire).

boe ou environ, assis en la paroisse de Sonnai, en la chastelerie de Chasteaurenaut, joignant au grant chemin par où l'en vait de Sonnai à Chasteaurenaut, ou terrage l'abbé et le couvent de Saint Julien de Tours, si comme l'on dit, sus les quiex trois arpenz ou environ de terre et de boe dessusdiz nous avions chacun an une mine d'avoine et seze deniers de rente. Et voulons qu'il les tiengne à tousjours paisiblement, quittement et franchement, sanz la dicte rente ne autre redevance paier à nous ne à nos hoirs dores en avant, sauves toutes voies et retenues à nous et à nos hoirs ès choses dessus dites toute haute joustice et toute souveraineté.

Et por ce que ce soit ferme chose et estable nous avons mis nostre seel à ces présentes lettres, données l'an de grâce mil deus cenz quatre vinz et dix et sept ou mois de fevrier.

339. — Vers 1300. — Dépositions faites dans une enquête tendant a établir a qui du comte de Blois ou du prieur de Saunay incombait l'entretien du pont de Saunay. — (Original parchemin, Archives d'Indre-et-Loire, H 968.)

Tesmoinz traiz de la partie frère Johan de Montrichart, priour de Sonnay, sur ce que noble home mon seigneur le conte de Blois, ou sa gent, dissoient et demandoient à Chasteau Regnault au dit frère Johan de Montrichart, priour de Sonnay, que il devoit et estoit tenu de feire feire un pont, qui est sur l'estanc de Sonnay ; le dit priour confessa que il croiet bien que il estoit tenu de feire feire celluy pont, mès il dit que mon seigneur le conte doit mestre le merrien à celluy pont feire, et que les priours qui avoient esté à Sonnay avant luy, en avoient esté en seissine et en posseissiun dou merrien de mon seigneur le conte et de ses genz ; les genz mon seigneur le conte respondierent à ce, que il ne savoient pas que mon seigneur le conte fust tenu à celluy merrienz mestre, et que il les en feist certains que il y fust tenuz ; le dit prior voust et acorda que il en fust enquis et sueue la vérité de la seissine et de la posseissiun et de ce que mon seigneur le conte y est plus avant tenu, parce qu'il a les paages, qui viennent par celluy pont.

I. — E premier tesmoin trait sur le teime dessus dit, Fouquet Baudriau, en age de seit vinz anz, sy comme le dit, juré et requis dit par son seirement se il vit eus le pont de Sonnay feire ? dit que oil, par III foiz ; requis combien il a de la première foiz ? dit qu'il y a bien LX et X anz et plus ; requis se il seit qui le fist feire ? dist que le priour de Sonnay ; requis comment celluy priour avoit nom ? dit que feu Morice Lemoigne ; requis se il seit qui y mist le merrienz à le feire ? il dit que les seigneurs de Château Renaut ; requis comment il le seit ? dit que par ce que les serjanz au seigneurs de Château Renaut empruntoient des charrestes par le pays, et fessoient amener en celles charrestes le dit merrien, et que il fessoient les despens as charretiers et as chevaux, as couz dou seigneur ; requis qui estoient seigneur au tens ? dit que il ne li enssovient ; requis se il seit qui estoient les serjanz ? dit que il ne li enssovient ; requis où ceuls serjanz prenoient le bois ? dit que en la balluère ; requis se il seit qui livroit celluy merrien ? dit que les serjanz au seigneur et dit que il le livroient dou bois au seigneur ; requis se il seit qui estoient les charrestes, qui amenèrent celluy merrien ? dit que la charreste feu Etienne Baudri et la feu Morice Viau et la feu Gautier Piquant et la feu Hernaut [. . . . .] ; requis coment il seit que ceuls serjanz leur fessoient leur despens ? dit que par ce que il vit que ceuls serjanz paierent leur despens en une taverne à Sonnay ; requis se il seit chiez qui estoit celle taverne ? dit chiez Fouquaut Le Peletier ; requis se il seit plus de celle première fois, requis de la segonde foiz, qui le fist feire ? dit que le priour, qui avoit non Guillaume de la Chartre, en droit feu Hernaut de la Tour, chastelain de Chasteau Regnaut en ycelluy tens, et bailloit et fessoit bailler le seigneur au tens le bois et le fessoit venir, sy come il est desus dit, à feire celluy pont dou bois au seigneur, mès il ne li sovient qui estoit seigneur, ne qui estoient les serjanz qui livroient celluy bois, pris celluy bois en la baies dou pertuis de la Pomerie envers l'aralble ; requis dou tens ? dit environ XLV anz ; requis de la tierce foiz ? dit sy comme il est desus dit et estoit prior feu Guillaume de la Chartre, au tens du feu conte Johan [1], pris le bois en la balluère, et livré ou non dou conte par le dit Peletier et par un autre, dom il ne li sovient qui estoient les serjanz au tens ; requis dou tens ? environ XXXII anz ; requis se il seit se les diz serjanz metoient de leur gré et donnoient le bois à celui pont ou se il y estoient tenuz à le meitre ? dit que il croit mieulz que ilz soient tenuz, par ce que il ont le paage de celui pont, et par ce que il les en a veu ceuls priours estre en plet vers les seigueurs et que depuis il fessoient livrer le bois ; et plus n'en seit.

II. — Segont tesmoin trait : Moreau Le Cavatrer, en age de quatre-vinz anz ou environ. . . dit que il vit feire celuy pont de Sonay une foiz tant seullement ; requis qui fut le charpentier qui fist celuy pont ? dit que il avoit à nom Garin Veilaumone ; requis se il seit par qui il le fessoit, ne qui le fessoit feire ? dit que le prieur de Sonnay, qui estoit en celluy tens ; requis comment avoit non celuy priour ? dit Guillaume de la Chartre ; requis combien il a que il le fist feire ? dit que bien a quarante anz ou environ ; requis se il seit qui y fist venir le merriein ? dit que celuy priour par les charrestes à ses homes ; requis si le priour y mestoit le merrien dou suein ? dit que nenil, et que le comte de Blois li fist livrer dou suein ; requis comment il le seit ? dit que par ce que le bois fit pris en la balluère hors vente, et que feu Johan Beaugrant le livra, qui estoit serjanz le conte au tens ; requis qui estoit conte au tens ? dit que le feu conte Johan ; requis se il seit que le comte commandast le merriein livrer ? dist que oil ; requis comment il le sait ? dit que par ce que il vit et oyt que l'abbé Jehan de Seint Julien et celluy priour de Sonnay l'en vindrent requerir ou chasteau de Château Renaut, et que il commanda à celluy Beaugrant que il ~~le~~ livrast et baillast, au commandement au dit priour ; requis se il seit que le conte le donna de son gré ou se il le baillet par ce que il y estoit tenu ? dit par ce que il estoit

1. Jean de Châtillon, fils d'Hugues et de Marie d'Avesnes, comte de Blois et vicomte de Châteaurenault au décès de sa mère en 1241, mourut le 28 juin 1279.

tenu; requis comment il seit que il fust tenu ? dit que parce que le paage, qui vient par celuy pont est suein ; requis se plus en seit ? dit que nenil.

III. — Tierz tesmoin trait : Johan Guarin, en age de L anz ou environ, dit. . . que il vit feire celluy pont une foiz sollement; requis qui fut le charpentier ? dit Guarin Vueilaumone et Danpierre Le Fort ; requis se il seit par qui il le feissoient ne qui le fessoit feire ? dit le priour de Sonay, qui estoit en celuy tens ; requis qui estoit prior en celluy tens ? dit mon seigneur Gille ; requis combien il a que ce fust fet ? dit XXXV anz ou environ ; requis se il seit qui y fist venir le merriein ? dit que celluy prior, par sa charreste et par les charrestes à ses hommes ; requis se il seit se le prior y mestoit le merrien dou suein ? dit que nenil et que le conte de Blois y fist livrer le merriein dou suein ; requis comment il le seit ? dit que par ce que feu Jehan Beaugrant, serjant le conte au tens, le livroit ou nom du comte en la balluère hors vente ; requis comment il seit que ce fut dou commandement au comte ? dit que par ce que les moignes emporseignoint celluy conte, et celluy qui estoit mestre de ses forez ; requis se il seit qui estoit conte au tens et qui estoit mestre de ses forez ? dit que le conte Jehan estoit conte au tens et que mon seigneur Micho Le Vellant estoit au tens mestre de ses forez ; requis se il oit onques commander au conte ne au mestre des forez à feu Jehan Beaugrant que il livrast le bois ? dit que nenil ; requis se il croit mieulx que le comte y donast le bois de sa vollanté ou que il y fust tenu ? dit que il croit mieuz que il y fust tenu ; requis par quoy il le croit mieulz ? dit que par ce que le paage en est suein ; requis se plus en seit ? dit que nenil.

IV. — Quart tesmoin trait : Étienne de Lalier, en age de L ans, . . . dit. . . que il vit bien feire celluy pont une foiz tant sollement ; requis que furent les charpentiers ? dit les charpentiers devant diz ; requis se il seit par qui il le fessoint ne qui le fessoit feire ? dit le priour devant dit mon seigneur Gille ; requis combien il a que ce fut ? dit XXX anz, poi plus poy mains ; requis se il seit qui y fist venir le merrien ? dit que feu Pierre

Gauchier, argentier le conte au tens, en fist venir la plus grant partie, as couz le conte et le priour fist venir le remaignant ; requis se il seit que le priour y mist le merrien dou suein ? dit que nenil, et que le conte le fist livrer dou suein ; requis comment il le seit ? dit par oïr dire ; requis se il seit ou le bois fut pris ? dit que en la balluère hors vente ; requis comment il le seit ? dit par oïr dire ; requis qui le livret ? dist que feu Jehan Beaugrant ; requis comment il le seit ? par oïr dire ; requis qui estoit conte au tens ? dist que le feu conte Jehan ; requis se il seit que le bois fut livré de son commendement ? dit que il croit que oil ; dit comment ? dit par oïr dire ; requis se il croit mieulz que le conte y feist livrer le merriein de sa cortoissie et de sa grâce ou par ce que il y fust tenu ? il dit que il croit mieuz que il le donast de sa vollanté que il y fust tenu ; requis par quoy il le croit mieuz ? dit que par ce que auqunes genz li monstrèrent le pont, quant il passoit par illueue, et li requistrent que il adast et feist son aumosne et ensuit il y donna le bois ; requis comment il le seit ? que par oïr dire ; requis se plus en seit ? dit que nenil.

V. — Quint tesmoin treit : Hermenion La Collesvalle, en age de L ans. . . dit. . . et desmoigne ansi comme celluy quart tesmoin devant et plus n'en seit.

VI. — Sissiesme tesmoin trait : Herbert Charbonneau, en age de quatre-vinz et diz anz, . . . dit que il vit bien celluy pont feire par deus foiz ; requis combien il a de la première foiz ? dit que il a bien LX et X anz ou environ ; requis se il seit qui le fist fere ? dit que le priour de Sonnay ; requis qui estoit priour au tens ? dit feu Morice Lemoigne ; requis se il seit qui y mist le merriein à le feire ? il dit que le viconte de Châtiaudun, qui estoit seigneur de Châtiau Renaut au tens ; requis comment il le seit ? dit que parce que les serjanz au viconte au tens livroient le bois au prior et à ses genz en la balluère hors vente ; requis qui estoient les serjanz ? dit que Richart de la Ballerote et Estienne Le Peletier et Hernaut de la Tour, et estoit chastelein feu Johan de Marssom ; requis qui estoient les charpentiers qui firent celluy pont ? dit Richart Darmentières et Guarin [son frère], et Guillot Fouquaut; requis se il seit qui y fist venir le bois? dit que le priour; requis comment il le seit? dit [. . .] que les charrestes à ses homes l'amenoient; requis qui estoient les charrestes? dit la feu Gautier, la feu Hernaut Aulberee et la feu Pierre Espechau; requis se il seit que le bois fut livré dou commandement au viconte? dit que oil; requis comment il le seit? dit que par ce que il vit et sot que l'abbé de Seint Juliein au tens enseigneit le viconte, et en furent en pleit en assisses à Château Renaut, devant le viconte et devant son baillif, qui avoit à nom feu Johan de Marssom; requis se il seit que le viconte ou son baillif commandessoint livrer le bois à celluy pont? dit que nenil; requis comment il seit que il fust livré dou commandement au viconte? dit que par ce que il l'oït dire, quant il orent longuement pleidoié que le priour en avoit gaignié et parce que les serjanz au dessus diz li livroient le bois; requis de la segonde foiz qui fist feire celluy pont? dit que le priour qui avoit nom mon seigneur Guillaume de la Chartre en droit le viconte; requis combien il a? que environ XLV anz; requis qui y mestoit le bois? dit que le viconte aussi comme pardevant, et le livroit un serjant, qui avoit nom conte de Raret, au tens serjant; requis se il seit que le viconte le commandast livrer? dit oyl; requis comment il le set? dit par ce que ses serjanz le livroient au tens au priour et à ses genz, en la balluère, et par ce que il en avoient esté en pleit, sy comme il est devant dit; et dit plus par son serrement que il vit depuis raffertrer le pont [. . .] aunes de planches et de IIII pichons ou de V, et a bien XXX anz ou environ; requis qui le fist raffertrer? dit que mon seigneur Gille, qui estoit priour au tens, et li livra celles planches et ceuls pichons feu Thomas Beaugrant, ou nom dou feu comte Johan, qui est au tens, et fist celluy priour le bois charroier par ses hommes; requis se il croit mieuz que le conte y donast le bois de sa vollanté ou que il y fust tenuz? dit que il croit mieuz que il y fust tenu; requis comment il le croit mieuz? dit par ressum dou paage, que il en a, par le pleit où il en furent, et parce que les serjanz l'ont emsuit livré ès bois au comte hors vente. Et plus n'en set.

VII. — Seitiesme tesmoin trait : Macé Ledru, en age de LXX ans ou envirom. . . dit que il vit feire celluy pont par deux foiz ; requis combien il a bien de la première foiz ? dit que il a bien LX anz ou environ ; requis se il set qui y mist le merriein à le feire ? il dit que le vicomte de Châtiaudun qui estoit seigneur de Château Renaut au tens ; requis comment il le set ? dit par ce que il vit que les serjanz au viconte de Châtiaudun au tens à Château Renaut livroient le bois au dit prior et à ses genz en la balluêre hors vente et quéroient ceulx serjanz le charroy ; requis à qui il le quéroient ? dit as homes au prieur ; requis en quel nom ? il dit ou nom dou vicomte : requis comment il le set ? dit par ce que les serjanz s'entr[. . .] ou nom dou viconte ; requis qui leur fessoit leur despens ? dit que il n'en avoient nul et que la première charge [fai]te il s'en alloient diner en leur messums ou ailleurs à leur depens ; requis qui estoient les serjanz ? dit que feu Richart de la Bollerote et Estienne Peletier et Hernaut de la Tour et feu Joffroy Preudome ; requis qui estoit chastelein ? dit Johan de Marssom ; requis qui estoient les charpentiers qui firent celuy pont ? dit que Richart Darmentières et Guarin, son frère, et Guillot Fouquaut et Richart Bossiche ; requis si il set que le bois fust livré dou commandement au vicomte ? dit que oil ; requis comment il le set ? dit par ce que les serjanz quéroient les charestes et livroient le bois, ou nom dou vicomte ; requis de la segonde foiz, qui fist celluy pont feire ? dit le prior de Sonnay ; requis qui estoit prior ? dist qu'il ne set ; requis qui estoit seigneur au tens ? dit le feu conte Johan ; requis qui y mist le boys à celluy pont feire ? dit que le feu conte ; requis comment il le set ? dit que par ce que feu Johan Beaugrant et feu Huet et Bernart, serjanz au tens, livroient le bois, ou non dou conte, en la balluère en la vente qui estoit adons feu Johan Beaugrant ; requis qui conta et paica de celuy bois feu Johan ? dit que le conte ; requis comment il le set ? dit que par l'oïr dire par le commun des genz, et par ressum dou paage de celluy pont ;

requis dou tens ? dit environ XXX anz ; requis se il croit mieuz que les devant diz seigneurs y donneseint le bois de leur vollanté ou que il y fussoient tenuz ? dit que il croit mieuz que il y fussoient tenuz ; requis comment-il le croit mieuz ? dit par ressum dou paage que il en ont, et par ce que leur serjanz en ont emsuit par deus foiz livré le bois, ou non dou conte ; requis se plus en seit ? dit que nenil.

340. — 1117, octobre, Tours. — NOTICE CONSTATANT L'ACCORD FAIT AVEC PONS, ABBÉ DE CLUNY. — (Copie du XVe siècle, *Martyrologe-obituaire de Saint-Julien de Tours*, Bibliothèque municipale de Tours, manuscrit 1.279, fol. 82. — Imprimé, E. Quincarlet, dans les *Mémoires de la Société archéologique de Touraine*, t. XXIII, pages 325 et 326.)

Societas Cluniacensis [1].

Anno Dominice Incarnationis M.C.XVII, mense octobri, domnus Poncius, abbas Cluniaci [2], orationis gracia Turonus ad Sanctum Martinum honorifice venit et ad nos pro amore beati Odonis, patroni nostri suique, devotissime divertit, et ad corpus ejus vigilia Sancti Dyonisi cum nostris suisque monachis missam de ipso beatissimo Odone celebravit. Deinde assumpto secum Bernardo Crasso, priore suo, aliisque fratribus in capitulum nostrum venit : ibique pro loco et tempore competenti habita oratione : « Cum generalem, inquit, debeamus affectum omnibus nostri ordinis, specialem tamen in vos habemus pre omnibus aliis, siquidem communis patris nostri beati Odonis amore conjungi ac, eo mediante, in Deo debemus uniri. » Igitur, communi consensu et voluntate, beneficium et societatem Cluniaci nobis tribuit, nostrique loci beneficium et societatem sibi ecclesieque Cluniaci per manum Johannis, abbatis nostri, suscepit.

Constitutum est in communi, ut, cum dompnus Poncius Cluniacum rediret, unam missam et unum officium, et ipsi tricesimum pro Johanne, abbate nostro, et nos alium pro

1. Titre en rouge.
2. Cluny, abbaye O. S. B., arrondissement de Mâcon (Saône-et-Loire).

dompno Poncio, abbate ; ac etiam pro defunctis nostris unum tricesimum conventus faceret, et nos pro defunctis eorum unam missam et unum officium ; et ipsi tricesimum unum pro Johanne, abbate nostro, et nos alium pro dompno Poncio ; et quociens missum vel nuncium de monacho nostro audient, unum officium et unam missam in conventu pro eo faciant; similiter et nos faciemus pro professis Cluniacensibus.

341. — 1225. — NOTICE RELATANT LES DONS FAITS A L'ABBAYE DE SAINT-JULIEN PAR L'ABBÉ GUÉRIN. — (Copie du XVe siècle, *Martyrologe-obituaire de Saint-Julien de Tours*, Bibliothèque municipale de Tours, manuscrit 1.279, fol. 54. — Imprimé, E. Quincarlet, dans les *Mémoires de la Société archéologique de Touraine*, t. XXIII, pages 282-286 [1].)

Plurimum valere cognoscimus ad conversationem memorie si ea, que a modernis bene gesta sunt licteris transmictantur posterorum noticie, mens enim humana, proprie infirmitatis defectu circundata, facile in oblivionem labitur, nisi, vinculis innexa licterarum, armariolo pectoris ingeratur.

Ea propter dignum ducimus presentibus posterisque officio stilli memoriter commandare quod Garinus, pie recordationis abbas, apud Chedomum [2] quoddam molendinum construxit, quod dominio domus ipsius tali racione supposuit :

Anniversario obitus sui die, prior obediencie convivium providebit conventui annuo more.

Tallis autem debet esse apparatus prandii sive cene. Qui prior tunc extiterit foliatas [3] callidas atque empticias fratribus

1. Bien que le texte de ce document ait été déjà publié, nous pensons qu'il ne sera pas inutile en raison de son intérêt de le donner à nouveau. Il est inséré dans le *Martyrologe-obituaire* au 3 des ides de septembre, jour de l'anniversaire de Guérin, qui fut abbé de Saint-Julien de 1156 (avant le 11 septembre) à 1160 environ. La date de 1225 est probablement celle à laquelle fut faite la notice.

2. Saint-Julien-de-Chédon, canton de Montrichard (Loir-et-Cher).

3. Il s'agit ici d'une pâtisserie qui est mentionnée dans les coutumes de Cluny, citées par du Cange au mot *Foliata* n° 2, « *Omni dominica fratribus debet (granatarius) per consuetudinem Foliatas, quæ alia nomine similæ vocantur, ac in omnibus diebus quadragesimæ, sed istæ calidæ debent esse* ». Du Cange pense que les *Foliatæ* étaient des gâteaux feuilletés.

preparabit, qui tanti ponderis debent esse quatinus per diem possint sufficere. Vinum autem optimum propinabit atque pigmentum [1]. Generale [2] erit de piscibus non minimis sed grocioribus ; pitancia vero de magnis piscibus subsequatur communis omnibus. Addetur his ad mensam ferculum [3] non modicum sed grandiusculum, unde pater qui supersederit possit dare quibus voluerit. His omnibus salsam [4] subinferet que diversis sese conciliet ; et ad cenam, si tempus fuerit, pitancia communis aderit. De pigmento si quid supererit prior cunctis communicaverit. Sic transacta die convivii cantant omnes voce non humili :

« Iste pater pacem possideat
Et cum sanctis in celis gaudeat,
Per quem cuncti letamur hodie,
Sic potati et pasti splendide ! »

Amen dicant omnes communiter qui refecti erunt sollempniter.

Est [5] autem aliud quod ad posteritatis noticiam per vivacem literarum memoriam transmictere dignum decrevimus.

1. Breuvage composé d'un mélange de vin, de miel et d'herbes aromatiques diverses.

2. L'abbé Quincarlet a commis ici une erreur en ponctuant cette phrase : *Atque pigmentum generale erit,* en faisant de *generale* l'attribut du verbe *erit*. En réalité *generale*, pris ici substantivement, désigne d'après l'usage monastique la portion de nourriture qui de droit était attribuée à chaque moine. La Pitance, au contraire, consistait en mets supplémentaires, la plupart du temps offerts par quelques bienfaiteurs, qui venaient à certaines fêtes rallonger le maigre ordinaire monastique. Alors que le Général était distribué par les hebdomadiers de la cuisine dans de petites écuelles, dont chaque moine avait la sienne, la Pitance était présentée dans un seul plat par le cellerier, d'abord au prieur, puis à tous les convives en suivant l'ordre descendant de leur dignité. C'est pourquoi d'après ce texte les poissons de moyenne taille sont destinés à faire les portions du Général tandis que les plus gros sont réservés pour la Pitance à laquelle chaque moine devait avoir part. Cf. Du Cange au mot *Generale*.

3. Escabeau, ou estrade en forme de siège.

4. Sauce.

5. Le texte suivant est séparé de ce qui précède et se trouve au fol. 55 *recto* du manuscrit.

Predictus siquidem pater aliud molendinum edificavit apud Bono[1], situm, quod ex vicinitate loci de stangno nomen accepit. Hoc tradidit priori illius obediencie tali scilicet pactione, ut, in festivitate beati Martini que dicitur hyemalis, XL^{ta} solidos camerario persolvat in uno anno et XXX^{ta} in altero. Porro de XL^{ta} camerarius comparabit bona fratribus, et de XXX^{ta} estivales[2] statutis temporibus, hoc est : botas[3] uno anno in predicta festivitate ; et secundo estivales, in Sabbato Sancti Pasche.

Preterea est adhuc aliud quod subterscribere pastum putavimus. Sepedictus pater, pie memorandus, aliud condidit utille fratribus, apud Bellomontem[4] tercium preparavit molendinum quot fullonum implet officium. Hoc quoque tradidit priori ejusdem obediencie tali scilicet pactione, quatinus annuatim in festivitate Sancti Christofori reddat camerario XX^{ti} aulnas bureli ad caligas pedulesque[5]. Verumptamen de ipso burello erit reservatum unde singulis annis pedules habeant fratres in Sabbato Sancti Pasche. Quot si non habundaverit, camerarius de suo supplebit.

Hoc stabilimentum, bonum et utille, si quis presumpserit mutare seu pervertere, maledictioni subjaceat donec peniteat et satisfaciat.

Actum anno Dominice millesimo ducentesimo XX^{mo} quinto. *Anima ejus requiescat in pace. Amen.*

342. — Liste des maisons religieuses étant en la confraternité de Saint-Julien de Tours. — (Copie du xve siècle, *Martyrologe-obituaire de Saint-Julien de Tours*, Bibliothèque municipale de Tours, manuscrit 1.279, fol. 79-80. — Imprimé, E. Quincarlet, dans les *Mémoires de*

1. Bono, commune d'Athée (Indre-et-Loire).
2. Estivaux, sorte de chaussures que l'on portait l'été.
3. Bottes.
4. Beaumont-la-Chartre, canton de la Chartre-sur-le-Loir (Sarthe).
5. Bas et chaussons. Saint Benoît dans sa règle prescrivait à ses moines d'en porter : *indumenta pedum, pedules et caligas*. Cf. *Regula*, caput LV, *De vestimentis et calceamentis fratrum*.

la Société archéologique de Touraine, t. XXIII, pages 315-318.)

Societates monaterii Sancti Juliani Turonensis [1].

Memoria fratrum qui in nostra societate sunt :

Pro canonicis Sancti Juliani Brivatensibus [2], ut de nobis agimus ;

Pro canonicis Sancti Martini Turonensibus [3], totidem ;

Pro canonicis Sancti Gaciani [4], similiter ;

Pro canonicis Sancti Juliani Cenomanensis [5], morte canonici nunciata, mox classiscum sonabimus, panem et vinum uno die dabimus ; eruntque trium participes tricenarium quod pro nostris fratribus annuatim facimus ;

Pro monachis Sancti Petri Burgulii [6], per omnia sicut de nobis facimus, eorumque nomina in martirologio nostro scribimus ; similiter et ipsi faciunt pro nobis ;

Pro monachis Sancti Pauli Cormeriacensis [7], sicut de nostris facimus ;

Pro monachis Sancti Martini Majoris Monasterii [8], sicut de nostris facimus ; qui et ipsi similiter faciunt pro nobis ;

Pro monachis Sancti Petri Culture [9], Cenomanensis diocesis, ut de nobis agimus ;

Pro monachis Sancte Marie Nucariensis [10], sicut de nobis facimus, præter panem et vinum ;

Pro monachis Pontislevii [11], Carnotensis diocesis, sicut de nostris facimus ;

1. Titre en rouge.
2. Chapitre Saint-Julien en la ville de Brioude, chef-lieu d'arrondissement (Haute-Loire).
3. Saint-Martin, collégiale en la ville de Tours.
4. Saint-Gatien, chapitre de la cathédrale de Tours.
5. Saint-Julien du Mans, chapitre de la cathédrale du Mans.
6. Saint-Pierre de Bourgueil, abbaye O. S. B., arrondissement de Chinon (Indre-et-Loire).
7. Saint-Paul-de-Cormery, abbaye O. S. B., canton de Montbazon (Indre-et-Loire).
8. Marmoutier, abbaye O. S. B., canton de Tours-nord.
9. Saint-Pierre de la Couture, abbaye O. S. B., en la ville du Mans.
10. Sainte-Marie de Noyers, abbaye O. S. B., commune de Marcilly-sur-Vienne (Indre-et-Loire).
11. Pontlevoy, abbaye O. S. B., canton de Montrichard (Loir-et-Cher).

Pro monachis Sancti Michaellis in Monte Tumba [1], tria officia et totidem missas ;

Pro monachis Sancti Florencii [2] et Sancti Albini [3], sicut de nobis facimus, præter panem et vinum. Similiter pro monachis Sancte Trinitatis Belliloci [4] facimus ;

Pro monachis Sancti Petri Pruliacensis [5] et Sancti Salvatoris Villelupensis [6], VII officia facimus, totidemque diebus panem et vinum damus ;

Pro monachis Sancti Petri Malliacensis [7], septem officia ;

Pro monachis Luxoviensibus [8], Pictavensis diocesis, tria officia ;

Pro monachis Sancti Launomari [9] et Sancti Salvatoris [10], Aurelianensis diocesis, septem officia ;

Pro monachis Sancti Nicholay [11], sicut de nobis facimus, præter panem et vinum ;

Pro monachis Sanctorum Sergii et Bachi [12] et Sancti Mauri super Ligerim [13] ;

1. Le Mont-Saint-Michel, abbaye O. S. B., canton de Pontorson (Manche).

2. Saint-Florent, abbaye O. S. B., en la ville de Saumur (Maine-et-Loire).

3. Saint-Aubin, abbaye O. S. B., en la ville d'Angers (Maine-et-Loire).

4. La Trinité-de-Beaulieu, abbaye O. S. B., canton de Loches (Indre-et-Loire).

5. Saint-Pierre de Preuilly, abbaye O. S. B., arrondissement de Loches (Indre-et-Loire).

6. Saint-Sauveur de Villeloin, abbaye O. S. B., commune de Villeloin-Coulangé (Indre-et-Loire).

7. Saint-Pierre-de-Maillezais, abbaye O. S. B., arrondissement de Fontenay-le-Comte (Vendée). Cette abbaye devint, en 1317, le siège d'un évêché, lequel fut en l'an 1652 transféré à la Rochelle.

8. Il s'agit probablement ici de l'abbaye de Saint-Pierre de Luxeuil, O. S. B., arrondissement de Lure (Haute-Saône). Ce serait donc par suite d'une erreur que ce monastère, qui appartenait au diocèse de Besançon, est indiqué comme étant du diocèse de Poitiers.

9. Saint-Laumer, abbaye O. S. B., en la ville de Blois.

10. Peut-être Saint-Sauveur, chapitre collégial en la ville de Blois. Il semble y avoir après *Salvatoris* les trois lettres *Car.*

11. Saint-Nicolas, abbaye O. S. B., en la ville d'Angers.

12. Saint-Serge, abbaye O. S. B., en la ville d'Angers.

13. Saint-Maur-sur-Loire, abbaye O. S. B., commune du Thoureil, canton de Gennes (Maine-et-Loire).

Pro monachis Sanctæ Marie Dolensis [1], et pro monachis Beccensis [2] cenobii, Sancti Cipriani Pictaviensis [3], Sancti Benedicti [4] necnon et Novi Monasterii [5], tria officia ;

Similiter pro sanctimonialibus de Bellomonte [6], de Belloloco [7], et de Bonoloco [8] Cenomanensis diocesis, ac etiam de Frontevalle [9], tria officia et totidem missas ;

Pro monachis Sancti Martini Sagii [10], VII officia et totidem missas ;

Pro monachis Sancti Vincencii Cenomanensis [11] et Sancti Karilefi [12], ac etiam Evronensis [13] cenobii, Cenomanensis diocesis, tria officia et totidem missas ;

Pro canonicis Evani [14], unum officium et classiscum ; panem et vinum uno die damus ; et illi similiter faciunt pro nobis ;

Pro monachis Sancti Martini Trouardi [15], VII officia et totitem missas ;

Pro monachis Sancti Stephani Cadomensis [16], Baiocensis diocesis ;

1. Notre-Dame du Tronchet, abbaye O. S. B., commune de Plerguer (Ille-et-Vilaine).
2. Le Bec-Hellouin, abbaye O. S. B., canton de Brionne (Eure).
3. Saint-Cyprien, abbaye O. S. B., en la ville de Poitiers.
4. Saint-Benoit-de-Quinçay, abbaye O. S. B., canton de Poitiers (Vienne).
5. Montierneuf, abbaye O. S. B., en la ville de Poitiers.
6. Beaumont-lès-Tours, abbaye de femmes O. S. B., commune de Tours.
7. Beaulieu, prieuré de femmes O. S. B., commune d'Azé (Loir-et-Cher).
8. Boulieu, abbaye de femmes de l'Ordre de Citeaux, paroisse de Bannes, commune de Dissay-sous-Courcillon (Sarthe).
9. Fontevrault, abbaye de femmes O. S. B., canton de Saumur (Maine-et-Loire).
10. Saint-Martin, abbaye O. S. B., en la ville de Séez (Orne).
11. Saint-Vincent, abbaye O. S. B., en la ville du Mans.
12. Saint-Calais, abbaye O. S. B. (Sarthe).
13. Evron, abbaye O S. B., arrondissement de Laval (Mayenne).
14. Saint-Pierre d'Evaux, prévôté de chanoines réguliers, canton d'Aubusson (Creuse).
15. Saint-Martin de Troarn, abbaye O. S. B., arrondissement de Caen (Calvados).
16. Saint-Etienne, abbaye O. S. B., en la ville de Caen.

Pro monachis Sancti Maximini Aurelianensis [1], et Sancti Benedicti super Ligerim [2], tria officia et totidem missas.

Pro monachis Sancte Trinitatis Vindocinensis [3], tria officia; pro monachis Bonevallensis [4] cenobii, pro monachis Sancti Petri Pratellensis [5], tria officia, et pro abbate eorum VII officia facimus; et illi similiter faciunt pro nobis;

Pro monachis Sancte Marie de Turpeneyo [6] et de Suliaco [7];

Pro canonicis Sancti Maximi Caynonensis [8], unum officium.

Pro monachis

Pro monachis

Pro monachis [9],

Omnia que facimus pro omnibus supradictis, faciunt et ipsi similiter pro nobis.

1. Saint-Mesmin-de-Micy, abbaye O. S. B., donnée aux Feuillants en 1608, commune de Saint-Hilaire-Saint-Mesmin (Loiret).

2. Saint-Benoît-sur-Loire, abbaye O. S. B., commune d'Ouzouer-sur-Loire (Loiret).

3. La Trinité, abbaye O. S. B., à Vendôme (Loire-et-Cher).

4. Bonneval, abbaye O. S. B., arrondissement de Châteaudun (Eure-et-Loir).

5. Saint-Pierre de Préaux, abbaye O. S. B., canton de Pont-Audemer (Eure).

6. Turpenay, abbaye O. S. B., commune de Saint-Benoît, canton d'Azay-le-Rideau (Indre-et-Loire).

7. Seuilly, abbaye O. S. B., canton de Chinon (Indre-et-Loire).

8. *Saint-Mexme*, chapitre collégial à Chinon.

9. Ces trois mentions sont restées inachevées.

LAVAL. — IMPRIMERIE Vve A. GOUPIL.

Archives historiques du Maine

Tome I, 1900. Comte Bertrand de Broussillon : **Cartulaire de l'Évêché du Mans,** 936-1790, tome I. Table dressée par E. Vallée ; in-8° de xv-368 pages. **15** fr.

Tome II, 1901-1902. Abbés Busson et Ledru : **Actus pontificum Cenomannis in urbe degentium.** Table par E. Vallée ; in-8° de CXLVII-603 pages. **25** fr.

Tome III, 1902. Comte Bertrand de Broussillon, du Brossay et A. Ledru : **Cartulaires d'Assé-le-Riboul, d'Azé et du Genéteil. Plaintes et doléances du chapitre du Mans en 1562 ;** in-8° de 256 pages. **10** fr.

Tome IV, 1903-1907. Vte Menjot d'Elbenne et abbé L.-J. Denis : **Cartulaire du chapitre royal de Saint-Pierre-de-la-Cour du Mans ;** in-8° de VII-436 pages, avec une planche. **18** fr.

Tome V, 1904. Comte Bertrand de Broussillon : **Documents inédits pour servir à l'histoire du Maine au XIVe siècle.** Table par E. Vallée ; in-8° de XII-580 p. **20** fr.

Tome VI, 1905. Eugène Vallée : **Cartulaire de Château-du-Loir** ; in-8° de xv-336 pages. **15** fr.

Tome VII, 1906. Abbés Busson et Ledru : **Nécrologe-Obituaire de la cathédrale du Mans.** Table par E. Vallée ; in-8° de XVI-399 pages. **20** fr.

Tome VIII, 1907. Abbé Froger : **Inventaire des titres de l'abbaye de Beaulieu du Mans.** Table par E. Vallée ; in-8° de IV-313 pages. **15** fr.

Tome IX, 1908. Comte Bertrand de Broussillon : **Cartulaire de l'Évêché du Mans,** 965-1786, tome II. Table dressée par E. Vallée ; in-8° de VI-302 pages. **15** fr.

Tome X, 1909-1910. Vte Menjot d'Elbenne : **Le Chapitre royal de l'église collégiale de Saint-Pierre-de-la-Cour, sainte chapelle du Mans.** Table dressée par M. l'abbé Denis ; in-8° de 566 pages, avec 6 planches. **20** fr.

Tome XI, 1911. Abbé Ledru : **Répertoire des Monuments et Objets anciens (préhistoriques, gallo-romains, mérovingiens et carolingiens) existant ou trouvés dans les départements de la Sarthe et de la Mayenne.** Table dressée par E. Vallée ; in-8° de LXXX-432 pages, avec 140 vignettes et 5 planches. **25** fr.

Tome XII, 1912-1913. Abbé L.-J. Denis : **Chartes (1002-1300) de Saint-Julien de Tours** (2 fascicules), in-8° de 212-138 pages. **15** fr.

www.ingramcontent.com/pod-product-compliance
Ingram Content Group UK Ltd.
Pitfield, Milton Keynes, MK11 3LW, UK
UKHW020229220726
13923UKWH00002B/574